JN410297

조병록 글집

행간을 읽다

소소리

행간을 읽다

조병록 글집

1판 1쇄 인쇄/ 2017년 8월 16일
1판 1쇄 발행/ 2017년 8월 18일

지은이 / 조 병 록
펴낸이 / 우 희 정
펴낸곳 / 도서출판 소소리

등록 / 제300-2007-21호
주소 03073 서울 종로구 성균관5길 39-16
전화 / 765-5663, 010-4265-5663
e-mail: sosori39@hanmail.net
www.sosori.net

값 12,000 원

ISBN 979-11-5891-079-2 03810

행간을 읽다

조병록 글집

책을 내면서

아버지 삶은
날마다 전쟁을 치르고
와중, 어려운 시절에
아버지는
나를 공부 시키셨다.
나는 아무 생각 없이
공부했다
세월이
많이많이 갔다.
한 날
나는
깜짝 놀랐다. 그리고
나는 언제나
반 발짝씩
늦었다.

아버지를 위해서
나는
무엇인가 되었었음
돈도 많이 벌었었음
겁이 났다.
아주 늦게
글을 씁니다.
그리움, 못다 한 모든 것
사랑도
아, 아
나의 언어가 가난하여
행간에 담았습니다.
아버지께 이 글집을 드립니다.

2017년 음력 5월 28일
아버지가 부르시던 이름 "록아"

▷ 차 례

▷ 책을 내면서

1. 봄이 오면

해피데이 가족 —· 13
그해 가을 —· 19
병실에서 —· 24
챔 아저씨 —· 28
짝사랑 —· 35
가학리로 가는 버스 —· 40
파마하던 날 —· 45
봄이 오면 —· 50
그대 안부 어떠하온지 —· 58
기일(忌日) —· 64
무창포에서 —· 70

2. 미술관이 있는 섬

77 · — 산책(散策)
82 · — 세레나데
86 · — 미술관이 있는 섬
91 · — 타임머신
95 · — 백두산 기행
106 · — 명작의 산실을 가다
112 · — 사랑하는 친구야
114 · — 산국차(山菊茶)의 계절
118 · — 청산도
124 · — 첫 수확
132 · — 선 물

3. 인사동 풍경

생명의 바구니에 —· 139
어머니에게로 —· 142
충무공벽파진전첩비 —· 147
우즈베키스탄 전시 후기 —· 152
인사동 풍경 —· 158
자이언트 —· 162
잔인한 4월 —· 165
비 또 —· 170
예술은 길고 인생도 길다 —· 175

4. 왕의 남자

187 · — 십군자 병풍에 부쳐
190 · — 장 미
191 · — 하매(夏梅)
192 · — 왕의 남자
194 · — 꽃으로 오다
196 · — 대 추
198 · — 하 늘

박용환 ‖ 사랑론(論) — · 199
201 · — 초 인 — · 201
202 · — 자연으로 돌아가자 — · 202

인터뷰 ‖ 진도로 들어오는 사람들 — · 204
최홍규 ‖ 작가와 작품해설 — · 208

1.

봄이 오면

해피데이 가족

꽃샘바람이 불기 시작하면 그러지 말아야지 하면서도 장날을 기다려 우시장을 기웃거린다.

제 발로 버르집어서 먹이를 찾을 만큼 길러 놓으면 삶이란 놈한테 잃어버리는 쓰린 경험을 되풀이하지 않으리라는 결심이 봄이 오면 눈 녹듯 한다.

진도 우시장은 남도의 큰 우시장으로 각처에서 모여든 소를 사고파는 경매 소리 드높고 돈도 흔하게 돌았는데 지금은 황소 울음소리 옛 추억이 되고 우시장이 있었는지조차 아는 이 없다. 장터는 주차장이 되고 한 켠에 백구, 황구, 돼지, 고양이, 닭이 보이는데 백구, 황구 시세가 중돼지보다 높다.

우리 부부가 교직을 퇴직하고 귀촌한 지 다섯 번째 봄을 맞는다.

올해도 꽃샘바람이 불어오기 시작하자 우리는 또 옥신각신하다가 누가 먼저랄 것도 없이 장으로 향했다. 병아리가 나오기에는 아직 한참 이른 철이라 우시장 양지쪽에 강아지 몇 마리 놓고 주인은 졸고 있다.

오일장이라 다음 장을 기다리기 조급증이 나서 해남장으로 갔지만 마찬가지였다. 장터를 벗어나 시가지를 돌아보다가 애완 동식물 가게를 만났다. 열대어, 토끼, 햄스터, 앵무새가 떠들어대고 꽃닭과 병아리도 새장에 들어 있었다. 알을 깨고 나온 지 사날 되었다는 병아리를 큰닭 값을 불러서 에누리해 2만원에 튼실해 보이는 놈으로 얼룩이, 까망이, 노랑이 세 마리를 사고 모이도 얻었다. 신비하다. 세상에 난 지 사흘이라는데.

말하자면 아직 양수가 빠지지 않아서 말갛고 마디 없이 통통한 발과 고깔 딱지가 여태 붙어 있는 부리의 쓰임새도 알고, 또 하늘을 쳐다보며 물을 삼키라고 누가 말해 주었을까. 쌍까풀을 두른 눈은 씨앗을 닮았다.

옛적 7년 대한에 굶어 죽으면서 씨앗 망태를 머리 밑에 베고 죽었다지 않는가. 그 씨앗을 닮은 눈이다. 그리고 "하느님은 우리 마음속에 눈을 주셨다."(「집회서」)

예쁘게 기르다가 두 마리를 놓치고 얼룩이가 홀로 남아 녹색 벨벳처럼 윤나는 꼬리를 뽐내며 장닭으로 자랐다. 말이 장닭이지 다 자라서도 손바닥보다 조금 클까 말까한 체구에 작달막한 키하며 이쁜 꽃닭이다.

두 날개 황금색 깃털이 연미복의 폼이 나고, 검은 점이 박힌 등을 타고 흐르는 금빛 찬란한 목털은 실크 숄인 듯 찰랑거린다. 화룡점정(畵龍點睛) 진홍의 볏은 당당한 위의가 넘쳐 영화 '모세'에서 집정관 율브리너가 떠오른다.

얼룩이는 막 초등학생이 된 손녀와 손자가 토론을 거쳐 지어준 해피데이라는 이름을 받고 청아한 목청으로 산촌 마을의 새벽을 깨운다.

아이들 대고모님이 해피데이가 홀로 있는 것이 안됐다며 중병아리 두 마리를 선물했다. 삵이 한 마리는 물어가고 한 마리는 물어 가다가 놓치는 바람에 살아났다. 살아난 놈은 머리뼈가 드러나는 심한 상처를 입었다. 머리털이 없는 닭이 되어 구사일생이라는 이름으로 불렀다.

구사일생이 자라서 알을 낳아 품은 지 스무하루 산고 끝에 해피데이를 아빠로 둔 열한 마리 자식을 보았다.

병아리들이 솜털 밑에서 날갯죽지 깃이 해끗해끗 비칠 무렵 어느 날이다.

하룻강아지 늦도록 한쪽 귀가 반만 올라간 진돌이 짝귀가 까불거리며 나를 찾아 후원으로 왔다.

구사일생이 본능적 모성애에 불탔다

조족지혈 보잘것없는 두 발과 깔보여 닭대가리에 달린 퇴화한 부리를 가지고 짝귀에게 돌진했다. 어찌해볼 틈도 없이 패

배하고 말았다. 우리 부부는 구사일생이 목숨을 던져서 지켜낸 보송보송한 열한 마리 새끼들을 들여다보면서 어쩔거나 거품 같은 이놈들을 걱정이 태산 같았다.

낮에는 새장에 넣어 들고 양지쪽을 쫓아다니고 밤이면 상자에 담아 방에 데려다 재우며 자정쯤 불을 밝히고 계란을 삶아 노른자를 먹이며 고시련 했지만 병아리들은 날로 후줄근하니 생기를 잃어갔다.

우리 내외는 장고(長考)를 거듭한 끝에 해피데이에게 새끼를 주어보기로 했다. 놈의 발가락 두 개 정도도 안 되는 새끼들이 쪼이고 밟혀 잘못되면 어쩌나 걱정과 두려움이 가시지 않았지만 '애비인데' 천륜을 믿고 한 우리에 넣었다. 애비는 횃대 높이 올라 앉아 내려다보지도 않고 새끼들은 저들끼리 우왕좌왕 몰려다니며 삐악삐악 울어댔다. 아비는 새끼가 횃대 근처로 다가오면 사정없이 쪼아대며 다른 족속인 양 무관심했다. 며칠을 이렇게 지내면서 차라리 아비를 떼어놓을까 좀 더 있어볼까 무력하기 짝이 없는데 아비가 횃대에서 내려왔다. 새끼들은 허겁지겁 아비 품속으로 파고 들어갔다. 아비는 날개를 흔들어 새끼들을 떨어내고 쪼면서 피하더니 쌀쌀한 밤이 되자 날개를 들어 열한 마리 새끼를 품기 시작했다. 날이 갈수록 새끼를 보살핌이 극진했다. 먹이를 보면 구구거리며 불러 먼저 먹이고 아비는 나중에 먹었다.

새끼들은 생기가 돌고 점점 굵어갔다.

아비는 당당하던 진홍의 볏이 시나브로 검어지더니 찌그러지고 날개는 처지고 공작처럼 아름답던 꼬리는 장털이 빠졌다.

어느덧 여름이 오고 새끼들은 먹세도 대단하고 암수가 구별될 만큼 자랐다. 하는 짓거리도 거셌다. 마구잡이 싸움이 무시로 일어나서 떼싸움으로 번졌다.

리더를 뽑는 과정이었다.

제법 활발한 병아리들은 아비 등에 올라 벼슬을 물고 늘어져 피를 떨구면서도 아비는 머리를 흔들 뿐 내버려 두고 같이 놀았다. 놈들이 자라서 서너 마리밖에 품지 못하게 되자 병아리들은 몸싸움을 벌여 센 놈이 아비 품을 차지하고 남은 놈들은 아비 곁에라도 기대려는 선두 쟁탈전이 벌어진다. 몸을 포개서 아비를 에워싸고 한 덩어리가 되어 간신히 진정되면 이제부터 아비와 새끼는 목을 뽑고 작은 입을 있는 대로 벌이고 더위를 못 이겨 할딱거린다. 이 모양으로 똘똘 뭉쳐서 하루 몇 차례씩 낮잠도 잔다.

횃대에 오를 만큼 자랐는데도 새끼들은 독립할 기색이 보이지 않는다. 아비는 가슴털이 빠져 맨살이 드러나고 작은 몸이 더욱 초췌하게 변했다.

우리는 아비가 변해가는 모습이 하도 딱해서 새끼들을 떼어놓기로 하고 아비를 원래 제 집으로 보냈다.

아비는 큰일이 난 듯했다. 닭장 위로 날아 넘든가 틈새를 비집어 탈출하다가 끼인다든가 어떻게 해서라도 새끼우리 곁으로 갔다. 우리를 돌면서 구구거리며 새끼를 부르고 새끼들도 철망을 쪼고 퍼덕이며 나오지 못해 애를 쓴다. 보다 못해서 새끼들도 내놓았다. 펄펄 날아 가족 상봉하는 모습이 눈물겹다.

다시 뭉친 헤피데이 가족, 아비를 선두로 단체 이동을 하면서 화단과 밭까지 거칠 것이 없다. 이제 내가 모이를 가지고 나타나면 어디선가 날듯이 뛰어와 나보다 먼저 모이 그릇 둘레에서 기다릴 줄도 안다.

어느 날부터 열한 마리 중에 세 마리가 수컷으로 자라서 울기 시작했다. 아직은 목청이 트이지 않아서 보잘것없지만 폼만은 제법 아비를 닮았다. 머지않아서 청량한 닭울음소리가 산촌 마을을 깨울 것이다.

그해 가을

그리고 죽음을 멸시하지 말아라. 이것은 자연이 원하는 일 중의 하나이니 이에 만족하라. 청년이 되고, 나이가 들고, 성장하여 장년이 되고, 이가 나고, 수염이 나고, 백발이 생기며, 잉태하여 아이를 낳고, 기르는 것, 그리고 그밖의 모든 자연적인 작용을 당신의 생명의 계절이 몰고 오는 것이며 이것은 또한 분해이다. 그리하여 당신 아내의 자궁으로부터 아이가 나올 때를 지금 기다리고 있는 것처럼 이 육체의 외피에서 당신의 영혼이 빠져나갈 때를 대비하라.

\- 아우렐리우스의 「명상록」

「명상록」을 공부하면서 얼마 전 영면에 드신 시아버님을 생각하고 또한 '죽음'이란 것을 생각하게 되는 연륜을 느끼며 깊은 상념에 빠진다.

이 가을은 낙엽을 밟으며 진실로 사람이 자연의 일부이며 다시 그곳으로 돌아간다는 진리를 다시 일깨워 주는 엄숙한 계절이다.

지난 97년 10월 7일 아침 8시 50분 시아버님께서 돌아가셨다.

내가 무남독녀로 친정 부모님과 시어머님에 이어 부모님이라고 부를 수 있는 시아버님께서 가셨다. 그 어렵다는 '시'자가 종종 잊히는 그냥 우리 아버님이셨다.

마치 스르르 저녁 땅거미가 지듯 조금씩 조금씩 몸을 못 쓰시더니 자리보전하신 지 여러 달.

고등학교 교사이면서 또 서화에 연연하여 붓을 들고 전전긍긍 바쁘게 사는 며느리가 대견하다시며 아버님께서 와병 중에 손수 간직하는 문갑을 열라고 하시더니 연적과 벼루를 주셨다. 나에게 시증조부 영(永) 자 락(駱) 자 되시는 할아버님께서 광무 18년(1892) 17세에 과거 급제, 교지를 받고 관직에 나서시고, 한일합방 때 낙향하시어 시문을 벗하시면서 쓰시던 것이다. 소중하게 간직해 오신 줄을 알기 때문에 얼른 받지 못하는데 "너는 내 자식이다." 하시며 쥐어 주셨다.

아버님 춘추 86세시다. 천수를 누리셨다 하실 만큼 호상이라며 복이 많다고 하는 조문이 너무 섭섭하고 실감나지 않는다.

학교 수업만 마치고 잡무를 부탁한 후 조퇴하고 불나게 달려가서 잠 못 이루시는 아버님과 꼬박 지새우는 밤이 늘어갔다. 옛날에 사시는 것처럼 아버님은 지내오신 옛이야기를 하시고 또 하셨다. 나는 들은 말씀을 듣고 또 듣곤 했다. 낮에는 머리맡에 놓아드린 여러 권 앨범을 보시며 소일하셨다. 사진 취미를 가지고 기록하듯 사진을 찍으셨다. 밀양 박씨 규정공파 대종회 회장 재임 시 앨범이 여러 권이고, 가족 사진첩에는 뵙지 못한 선대 어른과 8남매를 두신 부모님과 손자 열 명, 손녀 일곱, 증손 다섯 명의 이런저런 기념사진을 꼼꼼하게 정리해 놓으셨다. 우리 부부의 허바허바 사진관이라는 로고가 찍힌 흑백 약혼사진도 있다. 아버님 개인 앨범도 손때가 탔다. 학창 시절 앨범이 앞에 있는 것을 보니 오늘은 학생으로 지내셨나 보다.

아버님은 양정고보 손기정 선수보다 2년 선배 농구선수셨다. 수학여행 중에 추풍령에서 뛰어내려 기차와 누가 더 빠른가 달리기하자 온 학생들은 차창에서 환성으로 격려하고 그 일로 정학 받으셨단다.

젊음이 찬란히 빛나던 때가 어제인 듯, 또 보여주시는 사진 속에 금강산이며 박연폭포로 매제와 여행하시는 모습이 생생한데, 그 매제이신 시고모부님도 와병 중이시다.

우레소리가 귀청을 때리는 장대한 박연폭포를 마주하고 오연히 버티고 선 두 청년의 기상이 푸르다.

세월을 탓하랴. 얼마나 덧없는가. 바람처럼 꽃처럼.

지금 며느리에게 의지하시고 누워계신 조그마해진 우리 아버님, 내가 시집올 때, 아니 올봄에만 해도 아버님은 포효하는 호랑이시었다.

"분가 시키지 않았으면 괜찮았을까."

먼저 보내신 장손, 내게는 시아주버님에 대한 회한이시다.

학병으로 6·25전쟁을 겪고 대위로 제대하고 경찰에 투신하다 먼저 간 아드님이 보고 싶으신 게다.

"생각해 뭐하나 운명이지."

애절한 눈빛에 눈가가 촉촉해진다.

"네, 운명이지요."

위로드릴 말씀을 찾지 못하고 기껏 뜻 없는 말씀으로 받을 뿐, 물수건으로 수척한 손과 얼굴과 흐린 눈가를 닦아 드리며 말주변 없는 내가 참으로 원망스럽다.

"너 이렇게 밤새우고 출근해서 졸겠지. 나는 그게 걱정이야." 어눌하신 말씀에 "아버님 이렇게 편찮으신데 졸린 것이 대순가요." 하며 울었다.

죽음이 탄생만큼 소중하건만 우리는 새생명의 탄생에는 큰 박수를 보내면서 죽음은 끝나버린 연극처럼 막이 내리고 사라져 잊혀지는 것을 당연시한다.

좀 더 지나면 오래 쓴 칼날처럼 무뎌지겠지만 "에미 밥 먹어야지." 하시는 말씀이 바싹 수척하신 얼굴과 함께 방에서, 주방에서, 거실에서 가슴 속에서 들린다. 아버님께서 안계시니까 나를 보기만 하면 첫마디가 '밥 먹어야지' 해주는 사람이 없다.

그럼에도 불구하고 불효막심하게도 남편과 자식을 사랑하는 무게가 아버님보다 크다.

학교 교사로서의 일과, 화가와 작가로 겪는 고뇌, 자식을 기르면서 반복하는 시행착오, 일상사의 어려움 등 하마터면 인생을 허무하게 끝낼 뻔한 나를 아버님은 "애쓰면서 열심히 사는 네가 좋구나." 하시며 격려해 주시고는 했다.

세상이 텅 비어 고요하고 적막하다.

허허로운 이 가을이 가기 전에 붉은 장미 한 아름 안고 아버님께 가야겠다.

우리 아버님은 넥타이도 꽃도 화려한 것을 좋아 하셨지. 아버님 모신 경기도 원당 선영을 돌아보고 잡풀을 뽑고 잔디도 고르면서 이 소식 저 말씀 드리면 기뻐하시며 힘주실 거야.

병실에서

무서운 복통으로 입원한 지 9일째 검사와 금식을 계속했다. 일요일 회진은 없으려니 했는데 "아주머니 때문에요." 하면서 췌장암이 의심된다고 내과·외과 촬영팀까지 소집된 심상찮은 분위기에 나는 두려웠다. 단 하나의 소원이 살고 싶었다.

20여 일 치료가 계속되고 통증이 줄어들자 사소할지라도 바라는 것이 둘 셋 늘어났다. 앞에 앉아있는 애들 아버지가 안되어 보이고 몸이 불편한 아들아이가 목에 걸렸다. 눈을 못 감는다는 말이 이런 것이구나.

외과병실은 대체로 상태가 심한 환자들이다. 직장암 수술 후 음식을 먹지 못하고 주사로 연명하는 아주머니가 있고 유방암으로 2개월째 병실에 있는 할머니가 한밤중에 쓰러져 머리를 꿰매면서 '할머니 자식들은 못됐다'고 주소를 알려 달라는 간호사 말에 입을 다물었다. 6남매를 두었다는 할머니는 마취 없이 머리를 꿰매는데도 신음 한마디 흘리지 않더니 "자식들 망신이나 시키고…." 하면서 눈물짓는다. 젊은 췌장암 환자는 본인은 상태를 모르는 채 퇴원했다. 통증을 견딜 수 없어서 신경을 잘라 새우처럼 굽은 나이가 아까운 처녀가 호스피스 병동으로 이동했다. 나와 침대를 나란히 하고 있는 데레사는 딸 3형제 중에 형편이 되는 미국의 막내딸 내외가 나와서 위암 수술을 해주었는데 재발했다고 돈 걱정을 했다.

췌장암 의심 환자에서 췌장염으로 판정된 나는 담석이 심해서 담낭 절제 수술을 받기 위해서 병실을 이동했다. 열흘 동안의 인연들과 음료수 한 병씩 나누고 나오는데 병실 사람들은 누가 들어오나 걱정했다. 위중한 사람이 오면 남의 일이 아니라 다 같이 괴롭기 때문이다

옮긴 병실로 권영석 사진작가가 부러 유쾌하게 손을 흔들며 다녀가고 서예가 석란 윤정수 친구가 갈물 서예전 도록을 가지고 왔다. 홍승희씨 작품 '김원호님의 자'를 읽었다. 글씨도 좋고 읽으면서 자기가 만든 눈금의 자가 남을 비판하는 잣대로 쓰이고 있지나 않은가 돌아보니 부끄러웠다.

수술한다는 부담감에 떨면서 레지오 단장이 쥐어준 묵주를 들고 무릎을 꿇었지만 늘 하던 기도문이 생각나지 않았다.

직장암 수술환자에 이어 맹장 수술을 앞둔 여중 학생이 들어왔다. 무통수술이 있다고 했지만 수술비 형편을 아는 학생은 엄마

에게 그냥 수술하겠다고 했다. 마취가 깨자 학생은 울부짖으며 고통스러워했다. 그것을 보는 어머니는 같이 붙들고 울었다.

간이 안 좋은 황달 환자가 들어왔다. 병원 기상 시간 5시인데 이 사람은 매일 4시 전에 세수하고, 머리 감고, 발 씻고, 빨래했다. 폭포수처럼 물 내려가는 소리에 모두들 속이 편찮았지만 조심해달라고 잣대를 들이대는 사람은 나뿐이었다. 간 때문에 황달까지 온 그는 피해가 되는 것을 알면서도 무엇인가 해서 잊어보고 싶은 고통을 내가 가진 자의 눈금으로 잴 수는 없었다.

밤 1시경에 3살 아기 교통사고 환자가 들어왔다. 아이는 울고 피해자와 가해자 가족들 10여 명이 넘게 와서 말싸움이 몸싸움 되고, 병실은 말할 것도 없고 31병동 전체가 밤을 새웠다.

월요일 아침 TV에 200원을 넣고 아침드라마 '매화 연가'를 보는데 수술실 침대차가 왔다. 아들이 침대차를 밀고 달렸다.

"가족은 여기까지입니다. 밖에서 기다리세요."

그 소리를 끝으로 혼자뿐이라는 생각에 무서웠다.

눈을 감고 "오소서" 부르면 오신다고 약속하신 하느님(에레미야 33.3), 세상 끝날까지 함께 있겠다고 약속하신 예수님(마태오 28.20)을 불렀다.

천장에서 강렬한 전등이 쏘고, 양팔을 묶고, 수술기구 부딪는 소리가 들리는데 무서움이 사라지고 마음이 놓이며 평화로웠다.

눈을 뜨니 병실이었다. 가족들이 보이고 잠깐 눈을 감았다

뜬 느낌이었다.

맞은편 어린 환자는 외가에 왔다가 사고가 났다는데 외조부, 외조모, 이모, 이모부, 삼촌, 아이의 부모, 동네사람들까지 문병이 줄을 잇는다. 지금도 순대며 족발을 놓고 둘러 앉아 먹으며 사고의 원인을 놓고 나름대로 시시비비를 따지는 등, 병실이라는 것을 망각한 상황이 내 상식의 잣대로는 여전히 한계를 벗어났지만 어쩐 일일까 그들이 행복해 보였다. 나에게 무슨 일이 일어났을까. 이 상황이 조금도 거슬리지 않았다.

"병실을 옮겨 달랠까?"

안정이 걱정되는 애들 아버지가 나를 들여다보면서 묻는다. 나는 괜찮다고 하면서 부르면 오겠다고 하신 약속, 세상 끝날까지 나와 함께 계시겠다고 하신 약속을 지켜주셨음을 알았다.

오늘은 수요일이다. 성체를 맞이했다. 일요일과 수요일은 성모자애병원 성당 신부님이 거동이 불편한 환자를 찾아 병실을 돌면서 성체성사를 준다.

"주님 제 안에 주님을 모시기에 합당치 않사오나 한 말씀만 하소서 제가 곧 나으리이다."

시리고 아픈 병실 창 너머에는 초가을 햇살이 따뜻하게 비치고 버려진 수반가에 참새 댓 마리가 둘러 앉아 서로 비비며 물 마시고 하늘 보고 한다. 순간순간의 삶을 표현하기에 나의 언어는 참으로 무력하다.

챔 아저씨

기열이는 할머니를 졸라서 한울과 나리와 솔과 함께 가홍산에 오르기로 했다.

마을 어귀를 지나는데 상훈이가 기열이 형아를 부르면서 뛰어오고 상훈이 뒤에서 예지가 구르듯이 뛰어왔다.

상훈이는 무스를 발라 머리를 세워서 멋있었다. 기열이는 앞머리 몇 가닥만 염색한 제 머리를 쓸어 넘긴다.

한사리는 가홍산 아래 안기듯이 20여 호가 서로 기대듯이 모여 사는 마을이다. 집집마다 돌담을 두른 뒤란에 붉은 감이 주렁주렁 가지가 휘게 매달렸다. 환한 등을 장식한 크리스마스 나무처럼 호화롭고 평화로운 사이로 누구네 집 군불 때는 연기가 피어올라 하늘에 은하수를 그린다. 편찮은 어르신이 계신 포클레인 집 긴 굴뚝에서는 군불 지피는 연기가 종일 가시지 않는다. 마을에는 다섯 명의 어린이가 살고 농협장댁에 방학에만 내려오는 고등학생 형과 대학생 누나가 있다.

기열이는 올해 봄에 초등학생이 되었다. 어린이집에 다니는 상훈이는 여섯 살이고 예지는 네 살 귀여운 비만 어린이다. 상훈이 누나의 딸인데, 누나가 도시에서 맞벌이 부부이기 때문에 외가에서 산다. 예지는 상훈이를 오빠라고 했다가 외삼촌이라고 부르다가 분이 나면 상훈이라고 기분대로 부른다. 상훈이가 서영이는 어디 있느냐고 찾았다. 서영이는 오늘 선생님이 집에 오셔서 공부하는 날이라고 했다. 서영이는 기열이가 까꿍이라고 부르는 연년생 일곱 살 누이동생이다.

밖에서 누구인가 한 아이의 목소리가 들리면 동네 아이들이 모두 달려와 어울린다. 일곱 살 승범이는 선생님인 엄마가 출퇴근할 때 같이 데리고 다니며 읍내에서 공부하기 때문에 아이들 놀이에서 빠지는 때가 많았다.

가흥산 초입에 들어서 한울이를 풀어 주었다. 나리와 솔도 어울려 진돗개 세 마리가 나는 듯이 산을 올라 숲으로 사라졌다. 아이들도 환호성을 지르며 개들을 쫓아 뛰었다. 개들이 뛰어든 숲에서 까드득 하고 꿩이 풍겼다.

산에는 꽃이 많이 피었다.

아이들은 꽃을 따가지고 와서 꽃의 이름을 물었다.

납작하게 엎드려 손가락을 펴듯이 여러 갈래가 땅을 기면서 작고 노란 꽃을 피운 예지처럼 귀여운 꽃은 괭이밥이다. 신맛이 나서 싱아라고도 한다. 예지는 저를 닮았다는 괭이밥의 이파리를 입에 물고 까르르 웃는다.

키가 크고 줄기 따라 올라가며 자주색 꽃을 피우는 익모초는 엄마들에게 좋은 약초라고 한다. 몸에 좋은 약은 입에 쓰다. 아이들은 쓴맛이 한참이나 입에 남는 익모초의 맛을 보고 혀를 내두른다.

개망초는 일원짜리 동전하고 크기가 엇비슷한 동그란 하얀 꽃이 하늘을 쳐다보고 핀다. 농사에 방해가 되는 풀이다. 뽑아도 당할 수가 없어서 망할 놈의 잡초 개망초라 하는데, 미국 사람들은 꽃이 계란 후라이처럼 생겨서 에그후라이라고 부른다는 말에 누군가 입맛을 다셨다.

가시덩굴에 세모꼴로 생긴 잎을 달고 낟알 같은 분홍 꽃을 매달고 있는 날카로운 덩굴은 며느리밑씻개다. 아이들은 밑씻개가 무엇인지 몰랐다. 듣고 나서 엉덩이를 두드리며 간지럽다고 호들갑을 떤다. 아이들은 간지럽다와 가렵다와 따갑다를 같은 뜻으로 표현한다.

갈고리 같은 가시가 있어서 도둑놈의 갈고리, 강아지 꼬리 같은 이삭이 달린 풀은 강아지풀, 보라색 작은 꽃이 줄기를 돌면서 피어오른 층꽃, 노란꽃이 매달리듯 피고 주머니 같은 열매에 씨앗이 가득 담긴 달맞이꽃, 아이들은 엄마에게 드린다며 작은 손바닥에 씨앗을 받는다.

아는 것이 많은 할머니도 모르는 꽃 이름이 있었다. 공부해서 알려 주겠다고 했다.

할머니는 흩어진 꽃을 모으면서 꽃이나 나무를 꺾으면 안된다고 했다. 떼어낸 꽃들을 만져보라고 했다. 손에 묻는 진은 꽃이 흘린 피고 꺾을 때 나는 소리는 아야하는 신음이라고 했다. 예쁜 꽃을 피우고 과일과 곡식을 만들어 주는 고마운 꽃과 나무를 사람들이 해치지 말고 사랑해야 한다고 했다. 할머니가 어렸을 때 동네 병원집 담장을 오르면서 피는 줄장미가 하도 예뻐서 꺾다가 의사 선생님에게 딱 걸렸다. 아이들은 혼났겠다 하며 쿡쿡 웃었다. 할머니는 의사 선생님은 혼내지 않고 아까처럼 사랑하라고 가르쳐 주었다고 했다.

아이들은 미안한 얼굴로 꽃을 모아 땅에 묻고 돌까지 세워 작은 손바닥으로 토닥여 놓고 산을 오르기 시작했다.

개들이 저희들끼리 어울려 보이지 않더니 사람들이 움직이는 기색에 돌아와서 주위를 맴돌다가 기열이를 핥아보고 다시 뛰어 갔다.

개들이 올라간 방향에서 후두둑 나뭇잎이 떨어지며 큰 새가 하늘 높이 날았다.

상훈이가 솔개라고 했다. 상훈이 아빠가 이 산 제일 높은 봉우리에 솔개가 산다고 했다는 말에 기열이는 솔개를 보러 올라간다고 앞장섰다. 산길은 위로 올라갈수록 좁아지고 우거진 삘

기풀이 종아리를 훑었다.

할머니는 예지를 업고 아이들은 할머니 곁에 바싹 붙어서 산 위로 올라갔다. 아이들이 갑자기 놀라며 자지러졌다. 아이들 키만 한 싸리나무 덤불 위로 잉잉거리며 꿀벌이 날고 있었다. 싸리나무는 작고 동그란 잎을 달랑달랑 달고 잎 속에 숨듯이 잘 보이지 않는 자잘한 보라색 꽃을 피운다. 바람이 없는데도 살랑거리며 향기가 나고 벌이 모였다.

아이들은 엄마가 말벌에 쏘이면 죽는다고 했다며 집에 가자고 했다. 엄마는 아이들이 어디 있거나 지키고 있다.

산을 내려가려고 챔을 불렀다. 챔은 한울이의 별명이다. 놈은 얼른 오지 않았다. 아이들이 손나팔을 입에 대고 일제히 외치자 챔이 기열이 앞에 와서 엎드렸다. 한울이 목줄을 매고 산을 내려가기 시작했다. 대장인 한울이만 통제하면 솔과 나리는 순하게 따랐다. 솔을 몇 달 먼저 데려오고 한울이와 나리는 한 배의 진돗개인데 수컷인 한울이 월등 체격이 크고 당당했다.

상훈이가 말했다.

"형아, 나도 한울이 줄 잡고 갈게."

"한울이 힘이 세어서 넌 못 이겨. 아빠가 챔피온이라서 한울이도 챔프거든."

"나도 한울이 이길 수 있어." 상훈이는 주먹을 들어 보인다.

"너 왜 챔 이름 막 부르니? 너는 한울이 이름 부르면 안 돼."

"챔은 몇 살이데?"

아이들에게 나이는 서열의 기준이다. 학년의 차이는 두말할 것 없고, 나이는 몇 년 몇 달 며칠, 생일까지 꼼꼼하게 셈하고, 그래도 서열이 정해지지 않으면 아버지 나이까지 등장한다.

"할머니 챔 몇 살이이예요?" 상훈이가 물었다.

"개의 나이는 사람하고 다르지만 태어난 지는 2년이다."

"그래도 이름 부르면 안 돼, 반말 놓지도 말아라."

기열이가 단호하게 말했다.

"왜 안 되는데?"

"결혼했거든. 솔이도 이름 부르면 안 돼. 한울이하고 솔이 결혼했단 말이야."

"그럼 뭐라고 불러야 되는데."

"챔 아저씨, 솔 아줌마라고 불러. 반말 놓지 말고 나리는 이름 불러도 돼, 결혼하지 않았으니까. 예지도 알겠지?"

"알았어, 기열이 형아."

"형이 아니고 오빠야, 기열이 오빠."

"네, 기열이 오빠."

할머니는 웃느라고 걸음이 느렸다.

"형아는 왜 이름 부르는데?" 상훈이는 아무래도 자존심이 상하는 눈치다.

"나는 한울이 주인님이니까 이름도 부르고 반말해도 돼."

할머니가 말했다.

"상훈이도 챔 이름 불러도 돼. 반말해도 되고, 예지도 한울이도 이름 불러봐."

"결혼했다면서요."

"사람하고 개하고는 다르다고 그랬지, 사람은 위대하거든."

"위대한 게 뭔데요?"

"사람하고 한울이 하고 누가 이거냐?"

할머니는 엄지손가락을 쫙 펴서 들었다.

"사람이 짱이예요."

"그래, 사람이 짱이야. 챔보다 꽃보다 나무보다 이 산보다도 짱이야."

"독수리보다도요?"

"물론 당근이지."

"라이온보다도요?"

영어를 구사하는 기열이를 보고 웃으면서 할머니가 대답했다.

"오브 코스."

아이들도 제 엄지손가락을 높이 들고 말했다.

"오브 코스."

아이들은 당당한 걸음으로 가홍산을 내려와서 마을로 들어섰다. 상훈이 엄마가 마중 나와 있었다. 기열이는 한울이 줄을 나에게 넘기고 제 엄마를 부르며 집으로 뛰어갔다.

짝사랑

내가 타고 가는 버스가 교차로에서 파란신호를 기다리는 동안 맞은편 초등학교 옆 담장에 눈길이 머물렀다. 그곳에 걸려 있는 '2주 안에 운전면허 취득 가능'이라는 현수막이 시야에 잡히는 순간, 나는 짝사랑 하는 여인의 심정이 된다.

나는 한 해에 수차례씩 운전면허 시험공부를 한다. 그러면서도 지난 30여 년 동안에 자동차면허 취득시험 필기과목을 합격하고도 운전 실기 시험장에는 한 번도 가보지 못했다. 해가 바뀌면 남편은 새해선물로 어김없이 '운전면허 시험문제집'을 새로 사다준다. 생존 시에 나의 어머니는 "남의 속에 든 글도 배우는데 세상에 못할 게 무어냐?"는 말씀을 하시며 개척적인 삶을 사셨다. 내 인생 항로의 등불이 된 그 말에 힘을 얻어 마음만 먹으면 운전면허야 어렵지 않게 딸 수 있지 않으랴 싶기도 했다. 하지만 운전석에 앉는 그 순간부터가 문제다.

나는 기계가 무섭다. 노래를 못하는 사람을 음치, 춤을 못 추는 사람을 몸치라고 하듯이 나는 기계치다. 이상하게도 내가 만졌다 하면 고장이 난다. 우리 가족은 가전제품에 이상이 생기면 먼저 의심의 눈으로 나를 쳐다본다. 아이들이 어렸을 때 여름밤에 전기 퓨즈가 나가면 나는 모기장을 치고 아이들 넷을 데리고 어둠 속에 앉아서 이순신과 거북선, 백설공주와 일곱 난장이, 심청이의 공양미 삼백 석 등 이야기를 들려주면서 아이들 아빠가 돌아오기만을 기다렸었다. 전기를 만질 엄두를 내지 못했다. 이렇게 기계에 대한 두려움이 앞서서 자동차 운전면허증을 취득하려는 시도는 매번 허사가 된다.

30여 년 전에는 자동차 운전학원에서 내가 근무하는 학교로 출장 지도를 왔었다. 방과 후 학생들이 돌아간 교실에서 이론을 배우고 운동장에서 실기 연습을 하며 비교적 쉽게 운전면허증을 취득할 수 있었다. 그런 기회도 나는 망설이다가 놓쳐 버렸다.

"새벽종이 울렸네, 새아침이 밝았네."

그 어디를 가도 새마을노래가 확성기를 통해 들려오던 시절이다.

1인 1통장 저축에 힘쓰고, 학교에서는 도시락 검사를 하면서 혼식을 장려하고, 직장에서는 상하 모두 근로복을 입고, 근면 자조, 협동 정신을 실천하며 개발도상국으로 진입하던 시기였다. 허물을 벗는 매미처럼 긴 가난에서 벗어나고자 온 국민이 애쓰던 시절에 자가용을 갖는다는 것은 불확실한 꿈이었다. 선진국으로 이민을 계획하고 있는 몇 분의 교직원만이 주변의 부러운 시선을 받으며 운전면허를 땄다. 내가 자가용 승용차를 갖는 것은 먼 후일에도 이룰 수 없는 꿈같은 일로만 생각되었다. 낭만적인 성격도 아니어서 미래성이 없는 일에 시간과 돈을 투자할 마음이 없어서 남의 잔치 구경하듯 했다. 그러는 사이에 손쉽게 면허증을 취득할 수 있는 행운은 여름날 무지개처럼 눈앞에서 사라져 버렸다.

그 당시 자동차는 몇몇 사람들만 누리는 특권이라고 여겼다. 그런데 경제발전이라는 회오리바람에 속도와 힘이 실리더니 잠깐 사이에 골목마다 자동차가 즐비하다. 우리 집도 학생이 넷이라 등하교 시키기 위해서 차를 장만한 것이 엊그제 같은데 그 아이들이 지금은 제 몫의 차를 가지고 있다. 기름이 나지 않는 나라에서 식구 수대로 차를 보유하는 것이 부끄러움이라는 여론이 한때 있었지만 흘러갔다. 하는 일이 모두 다르고 차가 발이 되어 달리는 시대가 왔다.

집에 차가 몇 대 있어도 면허증이 없는 나에게는 무용지물이다. 급히 가야 할 데가 생겨서 차를 얻어 타려면 운전할 수 있는 식구들이 모두 외출중이어서 발을 동동 구르는 난감한 경우가 있다. 그럴 때면 운전면허시험 공부를 또 다시 시작한다.

고등학교에 근무할 때다. 30대에 교장이 되신 유능한 분이 계셨는데 정년퇴임을 앞두고 운전면허증을 취득하기로 했다. 교장선생님은 정답 항에만 집중하라는 주변 사람들의 조언을 무시하고 공부는 그렇게 하는 것이 아니라고 했다. 사법고시라도 치르는 사람처럼 사전을 찾아가며 공부했다. 시험 보던 날 선생님들은 우황청심환을 드리며 격려했다. 시험이 끝나고 교장선생님이 학교에 들어서자 궁금증을 참을 수 없었던 한 선생님이 "어떻게 되셨어요?" 하며 삽삽하게 물어보았다. 교장선생님은 종로에서 맞은 빰을 한강에서 푼다고, 물어보는 사람에게 매서운 눈총을 퍼부었다. 그날 이후 학교에서 판검사도 떨어진다는 운전면허시험이라는 말은 금기의 단어가 되었다.

"엄마는 운전하던 사람도 그만둘 때가 되었는데…." 하면서 은근히 단념하기를 바라는 뜻을 비치는 큰딸의 말을 들은 후로 운전면허시험에 대한 의욕도 풀이 죽었다. 그러다가도 외출했다가 도로 주행 연수중인 운전학원 차를 보는 날이면 또다시 운전면허 시험공부를 시작한다.

유가 폭등에 휘청거릴 수밖에 없는 나라의 국민으로서 면허증을 취득하는 일조차 사치로 여겼던 지난날을 돌이켜본다. 세태의 변화는 진부한 사고로 따라갈 수가 없다. 집은 필요 공간으로 반드시 내 소유가 아니라도 빌려 쓰는데 불편함이 없고, 사회생활의 필수적인 차를 집보다 먼저 구입한다 해서 이상할 것이 없다. 분가해서 집장만을 목표로 사반세기 이상의 시간과 공을 들였던 시절이 그리 먼 과거가 아니다.

거리에는 자동차가 넘친다. 도시 전체가 교통체증에 시달리고 있다. 주차 공간시비로 큰소리가 나고 폭행까지 서슴지 않는 사고가 늘어간다. 번호판 홀짝수 격일 운행제가 시행되자 차를 홀수 짝수로 두 대 소유하는 경우도 있다고 한다.

공직에서 퇴임한 후에 남편의 운전 덕분으로 우리 부부는 모든 모임에 같이 참석한다. 내가 나가는 미술인회나 문인회도 마찬가지다. 사회성이 좋은 남편은 나보다 더 환영 받고 그러는 우리를 보기 좋다고들 한다.

그러나 나 혼자 '그곳에 가보고 싶다'는 바람기가 살랑이는 날이면 내 영혼은 고독해지고 그때마다 나는 짝사랑하는 여인이 되고 운전면허증은 나를 유혹하는 매력남이 된다.

가학리로 가는 버스

진도터미널에서 막 출발하려는 버스에 올랐다. 어르신 승객 일여덟 명이 승차표를 주먹에 꼭 쥐고 앞자리부터 채우며 앉아 있었다. 표정과 몸가짐이 근접하기 어려운 분위기였다. 나는 지산서초등학교에 간다고 하면서 초행임을 강조했다. 기사는 뒷자리 어르신에게 학교의 위치를 물었다. 승객들은 누구랄 것 없이 "거 가치초등학교지라." 했다. 나는 기사도 잘 모르는 길인가, 혹시 버스 노선을 착각하지나 않았을까 당황스러웠다. 다시 지산서초등학교를 강조하면서 "안 맞으면 안 되는데요." 했다. 기사는 "안 맞으면 할 수 없는 거고 로또 사고 안 맞았다고 어쩌게 할 수 없제." 한다. "그렇고말고 할 수 없는 기라." 웃는 승객들의 여유에 긴가민가 하는데 눈이 마주친 어르신이 빙그레 웃으며 고개를 끄덕여 준다.

오페라의 브이아이피석 초대권인가 싶게 모두들 당당하게 들고 있는 승차표에 신경이 쓰였다. 옆자리 아주머니는 자꾸만 넘겨다보는 승차표를 의식하고 차비는 이천원이라고 하면서 차부에서는 표를 안사면 차를 못 타게 생짜를 놓지만 중간에 타는 사람은 표가 없는 거라 했다.

승객들은 한 동네 사람들인 듯 일상의 대화로 화기애애한 가운데 낯선 나의 등장은 더욱 재미있는 사건(?)이었다. 아주머니는 "이쁜 어매는 몇 남매나 두었는가? 여개 사람은 아닌 감네. 아들네 집에 가제." 하면서 대답은 들을 필요도 없다는 확신에 찬 듯했다. 승객들은 그런 줄 알았다는 듯이 눈주름을 잡으며 턱을 주억거린다. 나도 같이 웃으며 애매하게 고개를 끄덕였다.

더 볼 것 없이 아들네 가면 좋은 것이고, 품에 안고 있다 아들네 줄 것이라고 믿는 어르신들이 힘겹게 지키는 고향도 아들네 줄 땅이기 때문이리라. 내가 아들네 가는 길이 아니고 서예를 가르치러 학교에 가는 선생이라고 독을 깨는 말을 할 수는 없었다. 이쁜 어매라고 불러 주어서 좋았다.

염장마을 표지석 앞에서 드럼통 부피의 고추 보따리 두 개를 가진 아주머니가 버스를 세웠다. 승객들이 거들어서 끌어 올리고 좌석을 내주었다.

버스가 읍을 벗어나자 성큼 가을 속으로 들어갔다. 진도는 섬 같지 않게 겹겹이 산이 많다. 산은 곱고 나지막하여 어디나 내 놀던 옛 동산 같다.

추수가 끝난 간척지 논에 덤불을 태운 검은 그을림이 지도를 그리고 들녘에 겨울 대파가 짙푸르다. 억새가 서걱거리며 헝크러져 날리는 앵무교 수로에 찾아온 철새 청둥오리떼가 하얗게 물을 가르고, 우뚝이 서서 어정거리는 백로는 새우라도 건지는 농부의 모습이다.

진도의 가을은 억새와 갈대로 섬이 온통 눈부시다. 길고 긴가 하면 짧은 삶의 여정에서 만들어지는 위대한 백발처럼 진도의 가을은 나부끼는 억새와 갈대로 장관을 이룬다. 낙후된 지역이라는 평가에도 불구하고 개발이라는 이름으로도 훼손을 허락하지 않은 하늘이 준 태초의 자연 그대로다.

전봇대 즐비하게 서 있는 들길을 지나 아스라이 산으로 오른다. 꼬리를 사리며 사라지는 길을 눈이 가는대로 따르다 보니 가슴이 뛴다.

> 하늘의 무지개 바라보면
> 내 마음 뛰노라.
> 내가 어렸을 때도 그랬고
> 어른 된 지금도 그러하거늘
> 나 늙어서도 그러할지어다.

계관시인 윌리엄 워즈워즈는 80세 생애 하루하루가 경건한 마음으로 이어지기를 고민하며 노래했다.

장구포 마을에서 이십대 어린 연인들이 내렸다. 우리 승객 중에 잠자코 있으면서도 유일하게 온몸으로 빛을 발하는 아름다운 젊은이들이었다. 그들은 내리면서 반듯하게 인사했고 어르신들은 투박한 손을 저어서 전송했다.

버스가 가다보면 마을마다 등신대의 돌에 마을 이름이 묵직하게 새긴 표지석이 있어 동네를 안내한다. 상고야 마을을 지나 집들이 조개비처럼 엎드린 마을에 닿았다. 집집마다 울안에 주렁주렁 감이 익어가는 풍경이 사는 걱정할 줄 모르는 부자 동네일 것이다. 노부부가 무엇인가 다투더니 지산면 우리다방 앞에서 장보다가 살 것을 놓쳤다고 버스에서 내렸다. 면에는 약국도 보이고 마트도 있고 헤어샵과 농협은행도 보였다. 나도 나도 하며 승객들이 따라 내렸다. 나는 기사가 보이도록 핸드폰의 시간을 확인하며 항의 표시를 했다.

떠들썩하던 버스가 출발하자 도로에 벼를 널어 말리는 정경이 나타났다. 챙이 넓고 목까지 두르는 가리개가 달린 아라비아 왕자의 터번 같기도 한 모자를 쓰고 고무래로 벼를 젓는 사람들이 도로에 가득하다. 나도 저런 모자를 사서 쓰겠다는 생각을 하는 동안 버스가 서더니 기사가 창을 열고 아는 체 한다. 금년 나락은 튼실하게 거두었는가, 아무개는 서울 간 일이 잘되었는가, 고택에 어르신 병환은 차도가 있으신지, 조카 혼사에 꼭 기별 주시게, 읍에 나오면 들르고, 소용되는 거 있음 말하시게, 다음 찻길에 사다줌세 등등. 나중에는 승객들도 덩달아 창밖으로 몸을 기울이며 수인사가 늘어진다.

버스는 한 시간 남짓 가서 학교가 있는 가치마을에 닿았다. 기사는 이십오 분 후에 나오면 이 차를 되짚어 타고 읍에 들어갈 수 있고 다음 차편은 두 시간 반 뒤인데 세 시간 후에 나와도 탈 수 있다고 했다.

나는 귀가 차편은 우리 당신이 데리러 올 것을 생각하며 가학리로 가는 버스가 모롱이를 돌아 만발한 코스모스에 가려 보이지 않을 때까지 손을 흔들었다.

파마하던 날

'아이 캔 두 잇(I can do it.)'

스쿨버스에 손을 흔들어 등교하는 손자 손녀를 전송했다.

이십여 호 남짓한 집이 서로 친척인 시골 마을에 연고가 없는 우리가 내려온 지도 두 해가 지나고 있다. 아침마다 노오란 스쿨버스가 오고, 마을에서 승차하는 학생 여섯 명 가운데 2학년 손자와 금년 입학한 손녀가 있다. 손을 흔들어 아이들 등교시키는 일로 우리 집의 일과가 시작된다.

오늘은 벼르던 파마를 하려고 오일시 미장원에 갔다. 9시에 가면서 너무 이른 시간이면 어쩌나 했는데 벌써 두 사람이 머리를 말아 수건을 쓰고 있고 또 롯드를 말고 있는 사람과 커트 순서를 기다리는 남자도 있었다. 6시 전부터 머리손질이 시작되고 오후에는 손님이 없다고 한다. 도시의 헤어숍이 오후에 문을 여는 것과는 영 다른 모습이다. 해 뜨겁기 전에 농사일을 하느라 다른 일도 서둘러 하는 것이 보통이다. 더구나 추수철이라 경운기 시동소리에 해가 뜬다.

TV에서 얼마 전에 모범 가정이라고 소개하던 중년 탤런트의 이혼 소식을 전한다. 더없이 좋은 사이였으며 앞으로도 인생의 친구로, 하면서 아리송한 이혼 기자 회견이었다. 일전에는 프랑스 대통령 영부인이 이혼하면서 퍼스트레디는 내 자리가 아니었다던 세계적인 뉴스가 떠올랐다. 불같은 태양 아래서 진짜 삶을 살아 허리 굽은 우리네는 들어도 알 수 없는 말이었다.

머리를 말아 머플러를 쓰고 오일시를 오가면서 궁금하던 앞산의 묘역을 찾았다.

'정유재란 순절 묘역' 말뚝 표지판이 섰고 해설 안내판은 없었다. 제초해서 이발한 신사처럼 말쑥하게 단장한 100여기 있는 듯 없는 듯 낮은 봉분이 산등성이를 이루고 산새 울어 사위가 더욱 적막하다.

정유재란시 일본군의 유해를 따로 수습해서 적에게도 덕을 베풀었다 하여 왜덕산이 있고, 우리 군은 진도 고성 땅에 안장했다는 것이 나의 사전 지식이다.

단풍이 자지러지게 고운 산자락 가을볕이 따사롭다.

정유재란은 이순신 장군에게 패한 일본이 1597년 정유년에 재침입한 전쟁이니, 어쩔거나, 젊은이였을 사람, 이곳에 얼마나 누워 계신가. '가고파' 한 곡 불러 천년 외로움 답하고 마을로 들어섰다.

좌청룡 우백호를 거느렸을까 청산에 안긴 동네가 복이 있어 보였다. 동네 초입에 가건물 교회 마당에서 어린 백구가 컹컹 짖었다. 하나같이 대문 없는 집에 사람은 보이지 않는 휑한 골목을 지나 공터까지 갔다. 정자가 서 있고 250년 되었다는 쌍둥이 팽나무 보호수가 군청 녹지과에서 세운 소상한 안내판이 있다. 단풍 들어 기개가 울울한 팽나무 아래 평행봉이 있다. 학교에서도 보기 드문 나무로 된 평행봉이다.

만만한 나무 기둥 네 개에다 손아귀가 벌 정도의 긴 막대를 가로 걸어 만든 평행봉과 자동차 타이어 휠에 시멘트를 채워 만든 역기가 수십 년 전으로 타임머신을 탄다. 한 집에 삼촌, 조카, 형, 아우 청년들 두 셋이 그득했던 시절이 그리 멀지도 않다. 추억은 어려운 시절조차 그리운데, 평행봉의 추억은 빈 마을처럼 스산하다.

버스 승강장에 '도론마을' 한자로 '도룡(道龍)'이라고 쓰인 마을로 들어섰다.

태극기가 날리는 마을회관 앞에 유명 메이커란 메이커는 다 동원한 광고를 사방에 두른 트럭이 짝퉁 신발을 진열하고 확성기 볼륨을 높이고 있었다. 마을회관에서 어르신 몇 분이 나와 트럭으로 다가갔다. 나도 신발 구경을 하고 마을 안으로 들어갔다. 투덕투덕 지은 돌집과 돌담을 오르는 담쟁이 넝쿨이 단풍들어 혹하도록 곱다.

수석 전시에서 본 듯한 그럴싸한 돌도 보이고 굴 딱지가 붙은 돌도 있고, 큰 돌에서 감자만한 돌까지 섞어 쌓은 이끼 낀 돌담 앞에 서면 나는 역사책을 펴들 때처럼 경건해진다.

사람 소리가 떠들썩했다. 아낙은 보릿짚을 때서 새참을 준비하고, 남정네는 진흙을 이겨 켜를 놓으며 돌을 쌓고, 아이들은 지청구를 들으며 덩달아 분주하고, 오늘은 온 동네가 이 집에서 밥을 먹었다. 돌담은 그런 시절의 기록이다.

푸른 하늘에 흰 구름 섬처럼 떴는데 돌담집 울안에 붉은 감이 가지가 찢어지도록 열렸다. 봉당에는 늙은 호박 여남은 덩이 쌓였고, 허물어질 듯 기우뚱한 헛간 지붕에 하얗게 박꽃이 피었다.

앞마당에서 키질 소리가 났다. 반 가마니는 됨직한 콩을 까불러 못난이를 골라내던 아주머니 두 분이 나를 보고 반색한다. 생면부지 얼굴이 아직도 시골 인심은 사촌이다. 칠순이 넘어 보이는 아주머니 앞에 앉아 같이 콩을 가렸다.

5남매를 두었는데, 아주머니 말에 따르자면 농사 짓거리 안 시키려고 공부 시켜 도시로 보내고, 두 양주만 산다고 했다.

파마 풀 시간이 되어 일어섰다. 아주머니는 뒤란에서 감 한 바가지를 따다 주었다.

늦가을 강아지풀 여문 이삭이 발끝에 차이고 들풀이 누렇게 변해 가는데 괭이밥 샛노란 작은 꽃이 땅을 기는 논두렁 따라 도랑물소리 재잘댄다. 은발 휘날리는 억새 숲에서 푸르르 새가 난다. 전원 교향곡이 이런 자연의 노래일까.

미장원에서는 내가 늦다고 기다리고 있었다. 원장은 중학생 두 아들을 둔 젊은 어머니인데 다리를 절었다. 중화제를 바르는데 어린 아가씨가 급히 들어왔다. 외출하는데 일하느라 머리하는 것을 깜박했다고 우리말이 어눌한 캄보디아 새댁이었다. 원장은 일은 내일 해도 되지만 머리는 항상 하고 있어야 낭패가 없는 법이라고, 머리를 하는 사람으로서 자신의 절대적 생각이라고 피력했다. 일하는 여성의 당당한 프로정신이 주변을 시원하게 밝혔다.

나는 파마할 때 걸리는 시간이 아까워서 읽을 책을 가지고 가는데, 오늘같이 시간이 아깝지 않은 날도 있다.

봄이 오면

…날다.

베네치아.

물에 떠 있는 도시, 가라앉아 가고 있는 도시, 레오나르도 다빈치와 미켈란젤로의 도시, 황제 나폴레옹이 세상에서 가장 아름다운 응접실이라고 부른 도시, 괴테·헤밍웨이의 도시, 카사노바가 사랑한 도시, 셰익스피어 「베니스의 상인」의 고향, 이 사람들이 살고, 일하고, 생각하고, 먹고, 친교하며 그림을 그리고 글을 쓰던 곳….

봄이 오면 나는 날개가 솟는다. 떠돌이가 된다.

툴툴거리는 기계소리를 따라갔다. 나에게 솟았던 날개는 접히고 툴툴 소리는 점점 커 갔다. 학교 실습지 옆에 있는 곽씨 종중 종답에 모내는 소리였다.

어느덧 십 수년 전이다. 김화백과 인연으로 귀촌해서 그 해 봄 모내기 모습을 보고 놀랐다. 한참 보고나서야 천천히 이해할 수 있었다. 한 사람이 이앙기 한 대로 두 필지의 논에 모내기를 한 나절도 아닌 몇 시간 만에 마쳤다. 격세지감(隔世之感)이란 이런 것인가. 내 기억에 있는 모내기는 이야기가 많은 이발소 그림 같은 풍경이다. 까치집이 높다란 냇가 미루나무에 매인 코뚜레 송아지가 음매 부르고, 물레방아 도는 마당에 놓아먹이는 장닭이 홰를 쳐서 때를 알리고, 한밤중 젯밥을 온 동네가 나누어 먹으며 검둥이가 달을 보고 짖는 마을, 이처럼 내게 있는 모내기는 이야기가 많은 풍경화다.

내가 초·중고교를 거치며 30여 년 교직 생활을 했던 첫 부임지가 시댁의 고택과 가대(家垈)가 있는 파주군 갈현이었다. 서울역에서 기차를 타고 문산역 한 정거장 못미처 금촌역에서 내려 버스로 갈아타고 들어간다.

갈현은 시증조부님께서 17세에 등과하시어 조정의 여러 관직을 거치시다가 양주목사 재직 중에 한일합방이 되면서 모든 공직을 놓고 낙향하신 곳이다. 증조부께서 졸(卒)하시고 시아버님께서 가솔을 거느리고 서울로 올라가신 후 증조모님이 고택을 지니고 계셨는데 서울 가실 때가 많아서 고택은 거의 빈집이었다. 내가 고택으로 들어갔을 때 북한 장단이 고향인 이산가족 아주머니 한 분이 아들을 데리고 방 하나를 쓰고 있었다.

신혼인 우리 당신은 강원도 홍천의 학교에 근무할 때라 내가 시모(媤母)님을 모시고 고택으로 들어갔다.

열 채에서 몇 채가 빠지는 집들이 야트막한 산을 등지고 서로 기대고 모여 사는 마을이 한눈에 평화로웠다. 암탉이 알을 품은 지세라고 했다.

우리 집은 미음(ㅁ)자 집으로 솟을대문이 수척한 몸에 폼나게 차려 입은 한창때 옷처럼 삐뚜름히 버티고 있었다.

마을은 동네 입구 쌍둥이네 집 앞에 있는 공동 우물에서 물을 길어다 썼다. 남편이 학생 때 심었다는 우물가에 잘 생긴 소나무 그늘이 동네 며느리들의 사교장이었다. 나는 우물이 멀고 물을 길어다 쓰기가 어려워서 우리 집 뒤란에 우물을 파고 펌프를 들였다.

파주에서 다른 성씨의 땅을 밟지 않았다는 시모님 말씀인데, 농지개혁 후 남은 가대와 위답과 선산에 딸린 농토를 이웃에서 붙이고 있었지만 이녁 농사 같지는 않았다. 내가 가서 묵전을 갈고 작은 논들은 한데 묶어 반듯하게 작답했다.

방물장수며 젓갈장수, 신수복점 치는 아낙네들이 시모님을 보고 묵어갔다. 시모님은 곡식을 주고 무엇이라도 팔아 주었다. 젓갈장수가 가져오는 곤쟁이젓과 밴댕이는 처음 듣고 보는 것인데 시모께서 좋아하셨다. 곤쟁이젓은 새우 중에 가장 작은 세새우로 담근 젓갈이고 밴댕이는 밴댕이 속알지라는 말이 있을 정도로 속이 없을 것처럼 납작한 생선인데 자글자글 굽는 냄새부터 얕은맛이 있었다.

나는 뒷동산 등성이로 난 길을 걸어 논과 밭두럭을 타고 가다가 앞동네 산 아래에 있는 학교로 출퇴근했다. 뒷동산 길을 갈 때면 늠름한 개들이 가까이 올까 말까 하면서 멀찍이서 따라 왔다. 놈들은 늑대라고 했다. 날마다 출근길에 만나는 사이라 친해보려 했는데 늑대라는 녀석들의 정체를 알고는 길을 돌더라도 지름길을 버리고 큰길로 다녔다.

학교에 부임해서 내가 맡은 임무 가운데 중요한 하나는 종을 치는 일이었다. 좌석도 교무실 현관 밖 기둥에 달린 종과 가까운 문간이었다. 수업의 시작과 끝나는 시각을 알리는 것은 물론 직원 조회와 퇴근 시간도 종으로 알렸다. 학교 아저씨는 주로 외부 일을 했다. 매일 자전거를 타고 파주 교육청에 학교 보고사항을 가지고 가서 하달하는 공문을 받아 왔다. 학교 소요품과 교직원들이 개인적으로 부탁하는 물품도 사다 주었다.

시골 학교 여교사인 나는 방과 후에 동네로 상담하러 나갔다. 젊은 아낙들과 가족계획과 산아 제한을 의논하고 고부 갈등도 들으며 혼식과 저축을 장려했다. 학교에서 양호를 담당한 나는 동네 아기들에게도 천연두 예방 우두를 놔주고, 말라리아 퇴치에도 힘썼다. 아낙들은 시어머니 눈치를 보면서 알게 모르게 참깨며 마늘을 나누어 주었다. 유니세프에서 학교로 지급하는 옥수수가루와 분유로 죽을 쑤거나 빵을 만들었다. 급식하는 날은 어린 주인을 찾아온 개들도 같이 먹었다.

> 4월이라 맹하 되니 입하 소만 절기로다. 남녀노소 골몰하여 집에 있을 틈이 없어 적막한 대사립을 녹음에 닫았도다. 무논을 써을이고 이른모 내어보세. 농량이 부족하니 환자 타 보태리라.
>
> -「농가월령가 4월령」

농가에 봄이 오자 품앗이가 시작되었다. 예전부터 농촌은 품앗이로 서로 돕고 협동하며 농사를 지었다. 품앗이 계도 있었다. 작은 부락인 우리 동네에서 품앗이로 모내기 순번이 정해졌다. 우리 집은 품앗이할 일손이 없어서 일꾼을 사야 하는데 농사철에는 일손이 부족해 우리는 품을 살 수 없었다. 자연은 철 맞추어 아낌없이 주어 살리지만 자연의 법은 엄했다. 파종기에 한 시각 놓치면 일 년 농사 소출 반이 되고 추수 때에 한눈팔면 보릿단 볏단에서 가차 없이 싹이 난다. 어설프지만 농사꾼인 나는 그 중요한 때를 놓쳐가며 속이 타들었다.

우리 동네논은 천둥지기다. 고래 논에 공동 못자리를 해서 낮에는 물을 빼서 땅을 데우고, 밤에는 물을 가두어 수온으로 지온을 높여 모를 키운다. 모를 낼 만큼 자라면 모찌기와 모나르기를 거쳐 모내기를 한다. 우리에게도 모낼 만큼 모를 나누어 주었다.

민대감댁을 선두로 동네 모내기가 시작 되었다. 민대감댁은 내력은 알 수 없으나 삼대가 함께 사는 근본 있는 집안이다. 어르신은 사철 한복에 긴 수염으로 기품이 학과 같고 장부는 이순(耳順)에 들었으나 양친 슬하에서 어른 대접 받기를 사양하고 삼대는 학생이다.

봄이 아름다워 산천초목이 우쭐대는 맹하(孟夏)의 계절, 모내기 날은 온 동네 남녀노소 강아지들까지 민대감댁으로 모여 들었다. 일꾼들은 잠방이 가랑이를 바짝 걷어 올리며 오고, 음식 담당 여자들은 정지 문지방에 몸빼 자락이 닳는다. 아이들은 덩달아 해해거린다. 강아지도 종종거리다가 발끝에 채여 깨갱한다.

민대감댁 모내기 음식은 매운 고추 주먹 만두로 소문났다. 노마님은 육군 중령 아들이 모내기에 쓰라고 고기를 많이 사서 지프차를 타고 왔다며 자랑했다.

중마님은 고기가 넉넉하다며 다지지 않고 듬직듬직 썰어서 볶고, 무채는 굵게 쳐서 데치고, 장단 콩을 맷돌에 갈아 만든 두부를 베자루로 짜서 나우(좀 많이) 넣고 이 댁 만두의 비법인 굵은 고춧가루를 듬뿍 섞어 갖은 양념 아끼지 않고 만두소를 만든다. 직접 농사지은 밀가루로 익반죽해 오래 치대 두껍게 밀어 주먹만한 만두를 빚는다. 따로 끓는 육수에 삶아낸 만두는 겉까지 붉고 매운 내가 난다. 더운 날씨에 땡볕에서 모를 내면서 뜨겁고 매운 만두를 먹는 일은 기가 찰 노릇이나, 모꾼들은 세상에서 제일 맛있는 만두라고 좋아한다. 나는 퇴근해서 노마님이 보낸 만두를 눈물 콧물 닦으며 잘 먹었다. 정말 매웠다. 세월이 흘러 흘러, 지금도 모내기라고 하면 민대감댁 노마님의 고추 주먹만두가 먼저 떠오른다. 그리움이여.

동네 모내기가 바빠지자 우리 논에 모를 낼 걱정이 더욱 태산 같아져 갔다. 남편이 농번기 휴가를 내고 왔다. 그이의 후배 성동리 신선생이 소를 빌려 주었다. 소의 품삯은 사람의 두 몫이고, 소를 부리는 사람의 품삯은 따로였다. 소는 저 먹을 여물을 가지고 왔다. 소를 부리는 사람이 밥을 먹다 말고 밥그릇을 들어다 쇠죽통에 쏟았다. 나는 무엇이 잘못 되었나 깜짝 놀라는데 소여물에 콩을 삶아 넣어 준다는 것을 알지 못했다. 소를 부려 논갈이를 하고 써레로 밀어 모내기 준비를 했다. 소를 빌린 것만도 고마운데 일품을 살 수 있는 기미는 보이지 않았다.

학교에서 민선생이 고학년 학생들을 데리고 모내기 실습을 왔다. 녀석들은 천방지방(天方地方) 넘어지고 엎어지며 가댁질로 논두렁이 주저앉았다. 학부형 몇 분이 소식을 듣고 왔다. 못줄을 띄울 것도 없이 막모를 내서 모내기를 마쳤다. 내친김이라면서 가래질해서 논두렁까지 보수해 주었다.

금촌 짜장면 집을 불러 왔다. 차가 흔치 않던 시절이라 재료와 용구를 버스에 싣고 와서 오금리 장터 삼거리부터는 리어카에 싣고 왔다. 우리 집 마당에 솥을 걸고 멍석을 깔았다. 근동의 아이들도 왔다. 아이들 얼굴에 짜장 암괭이를 그리며 깔깔대는 웃음소리 골을 메웠다. 짜장면 축제였다.

좋았다. 봄이 오면….

그대 안부 어떠하온지

자매님이 현관에 오셨다고 아들이 알렸다.

이른 아침에 무슨 일일까, 내가 온 것은 어떻게 알았을까, 무슨 일이 있나, 이런저런 생각을 부지런히 떠올리며 현관으로 나가는데 핸드폰이 울렸다.

"막달레나 자매님, 현관 카운터에 흑쌀 하고 성탄카드 놓고 갑니다."

웬 선물일까, 아직도 영문을 몰라 바라보는데 젤뜨루다 자매의 승용차가 교문을 향해 운동장을 돌아 나가고 있었다.

"자매님, 현관에 나오셨군요. 들어가셔서 카운터를 보세요. 바빠서 못 뵙고 읍에 갑니다."

젤뜨루다는 급해 보였다.

손자 졸업기념 여행 스페인에서 어제 돌아와 아직 시차적응에 시달리고 있는데, 아닌 밤중에 홍두깨였다.

"제가 왜 그러냐 하면 이유가 있어요."

평소 똑 떨어지는 성품의 자매답게 말했다.

"제가 집에 일이 있어서 짐 싸가지고 고향으로 가야 해요."

"무슨 말입니까? 이사 가요? 언제요?"

"내일이요. 자매님께 말하지 않고 그냥 갈 수 없어서요."

갑작스러워 놀라는 와중에 바쁘겠다 싶어 언제 시간이 나겠느냐고 물었다. 잠시 생각하더니 내일은 일찍 익스프레스 이삿짐 서비스가 오기로 해서 그전에 잠시 짬이 난다고 했다. 그렇구나. 정말 이사 가는구나. 서운함이 싸― 하니 훑고 지나간다.

우리 가족이 이름처럼 자매님이라고 부르는 그는 영세명이 젤뜨루다 교우다. 자매는 3년 전쯤 진도 진길성당으로 왔다. 자매는 가톨릭 성가를 아름답게 불렀다. 미사 드리며 부르는 자매의 성가는 성당 안에 가득하게 피어오르는, 기쁨으로 드리는 헌신이었다. 기도였다.

평균 연령이 고희에 가까운 시골 성당 신자들이 부르는 성가는 거의 모든 곡이 느리고 음정이 비슷했다.

젤뜨루다 자매가 와서 성가를 가르쳤다. 조금 빠르게, 반 박자 쉬고, 한 음 올리고, 경건하게, 좀 더 크게 등등, 우리들은 열심히 배웠다. 성당 안에 생기가 돌았다.

자매는 시골집을 사서 생활에 편리하도록 바꾸었다. 불 때는 아궁이가 있는 구들장 온돌방에 보일러를 놓고 파랑 지붕, 하얀 대문, 페인트 단장을 했다. 뒤안에 있던 뒷간을 화장실로 방안에 들이고 마당에도 수도를 놓아 꽃밭을 꾸미고 대문도 달았다.

농업 기술센터에서 교육을 받더니 우리 학교 실습지 옆에 밭 350평을 임대해서 유기농 농사를 시작했다. 나는 경험상 혼자 농사짓기에는 밭이 너무 큰 평수라고도 했고, 농약을 쓰지 않고 농사짓는 일이 얼마나 어려운지도 말했다. 오죽하면 풀과의 전쟁이라는 말이 있을까. 더구나 그가 심는 배추, 무, 고구마, 감자, 콩, 옥수수, 봄동 같은 채소는 시골이면 집집마다 심으니 대량 생산이 아니면 무슨 수익성이 있어서 생활에 도움이 되겠느냐고 걱정도 했다. 그녀는 더 공부해서 약초를 심을 생각이라고 했다.

자매는 낮에 봉사활동과 경제활동을 하고 해가 떠서 뜨거워지기 전 이른 아침에 밭일을 했다. 밭이 우리 집 옆이라 일하는 모습이 보이면 가끔 식전이지 싶어서 내가 마시는 보이차와 강정이나 떡을 가지고 나가 먹이면서 옆에 앉아 노느니 풀을 뽑으면 "엄마 같아요." 했다. 나는 그 말이 듣기 좋았다.

그녀는 유기농이라 굼벵이가 먹어 흠이 난 감자나 개구쟁이 이 빠진 것처럼 알갱이가 듬성듬성한 옥수수는 자신이 먹고 흠 없는 고구마나 감자를 골라 박스에 담고 알이 꽉 찬 옥수수를 자루에 담아 우리 집에 가져왔다. 독신인 그녀는 우리집 네 식구와 휴일이면 내려오는 손자 손녀와 그 엄마까지 대가족으로 보여서 무엇이고 듬뿍 주었다. 나뿐만이 아니라 주변에 대한 세심한 배려였다. 나의 세례명 막달라 마리아 축일 7월 22일도 챙겨서 축하해 주었다.

그랬는데, 거기 있거니 하기에는 그가 가는 곳이 너무 멀다. 도고온천이 근처에 있으니 오라고 했다.

도고온천은 어디쯤일까.

무슨 선물을 할까 종일 궁리했다. 이사하는데 물건은 짐만 될 테고, 생각하다가 내가 귀촌했을 때를 생각했다.

십 수년 전이었다. 낯도 설고 피붙이도 없는 국토의 발부리 진도에 처음 왔을 때였다. 폐교 이층에 앉아서 길만 바라보고 있어도 종일 몇 사람 지나다니지 않고 자동차도 드문드문 보였다. 도시는 밤이 낮보다 더 밝고 번화한데 시골은 해가 설핏해지면 벌써 왕래가 뜸하고 적막했다. 시골 동네 골목을 밝히는 골목 등은 왜 백열등 빛일까. 영화 '가스등'의 잉그리드 버그만이 생각나기도 하고 밖으로 나가도 갈 데가 없었다. 마음 붙일 데 없어 주야로 서성일 때 스케치 여행 중이던 서포 화실의 서화가 여숙자 선생이 찾아주었다. 나중에 보라며 한사코 봉투를 주고 갔는데 오만원이 들어 있었다. 절친도 아니고, 서로 서화를 하는 사람으로 안면만 있는 사이였다. 울컥해지며 주변이 새롭게 보이고 모든 것이 안심이 되면서 마음이 놓였다.

아직까지도 변변한 인사 한마디 못하고, 언제고 마음에 드는 그림 한 점 그리게 되면 선생께 드리리라 벼르고 있다. 때로 위로가 필요한 날이면 변함없이 그 고마움이 떠오르며 시린 마음이 따뜻하게 녹았다.

선생은 영원히 목마르지 않는 샘물을 나에게 주었다.

사랑은 이렇게 왔다.

지갑을 열었다. 육만원이 들어있었다. 만져보다가 오만원만 꺼내고 만원은 남겼다. 여선생의 뜻에 살을 붙이지 못하고 나는 째째했다.

자매의 크리스마스카드를 열었다.

임마뉴엘
그 맑고 환한 밤
아기 모습으로 내려오신 주님!
그분의 축복은 맑고
그분의 사랑은 환하여라
세상의 모든 이와
바로 당신과 나에게
거리낌 없이 함께 하시고
하나 된 밤 성탄!

+축 성탄
막달레나님

주님 크신 성탄의 축복이
가족 모두와 늘 함께하시도록
기도합니다.

- 젤뜨루다

그 밤 우리는 자매가 돌보러 가는, 병환이 중한 부모님을 대신해온 언니와 형부를 위해서 간절히 기도했다.

불쌍히 여기소서. 자비를 베푸소서.

자매는 리본을 맨 굴소스 병을 들고 멀리까지 나를 따라 나왔다. 그 병은 리본을 맨 채 지금도 나를 보고 있다.

키가 큰 자매가 부르는 아름다운 성가가 모든 이에게 순하게 순하게 전해지기를…. 메리 크리스마스.

기일(忌日)

장마가 며칠 째다.

30여 년이 흘렀다 해도 어찌 잊을 수 있을까마는 연중 하루 아버지의 기일은 내 안에서 긴 장마로 자리한다.

무를 하얗게 긁어 씻어서 탕에 넣을 크기로 반듯 반듯 써는데 삼색 나물을 무치고 볶는 며느리가 "그게 급한 게 아닌데요." 한다. 조리대 한가운데를 차지한 나를 돌아서 양념을 가지러 다니기가 불편한가 보다. 제사에 고춧가루를 안 쓴다 해도 나물에 드는 양념이 간장 따로 소금 따로 볶는 기름 참기름 손이 많이 간다. 자리를 비켜주며 "파 다듬을까?" 했더니 "편찮으신데 쉬세요." 한다.

"에미야, 외할아버지는 애비가 꼭 까꿍이 만할 때 돌아가셨다. 그때도 장마였는데 산에 모시는 날은 가을날처럼 청명했었다. 모두들 할아버지 성품 같다고 했다."

"그러셨어요."

천붕(天崩)이었다.

영정을 안고 호곡(號哭) 하는 내 무릎 위로 기어오르며 어디서 났는지 떡조각을 쥐어주던 돌이 막 지난 막내아들이 지금 남매를 둔 애비가 되었다.

"외할머니는 애비가 고등학생 때 돌아가셨다."

"그러셨군요."

시외조부 기일에 애달파하는 시어머니의 마음을 얼마나 알까마는 며늘아이는 빼놓지 않고 일일이 대답한다. 둘째를 가져 배가 부른데도 힘든 내색을 않는 며느리가 고맙다.

눈물이 툭 떨어진다.

우리 아버지는 생전에 해소가 심하셔서 사철 기침으로 사셨다. 겨울이면 화로를 의지하고 많은 밤을 새우셨다. 내가 자라는 동안 아버지를 바라보면서 애가 탔고, 밤이 이슥하도록 괴로워 잠 못 이루시는 여윈 어깨를 주무르고 다리를 밟으면서 때로는 심술을 내기도 했다.

그날 아버지를 모시고 병원에 가는 길이었다. 숨이 차서 한 발자국이 천릿길처럼 힘들어 하셨다. 그런데도 꽤 걸어서 인근 시장 어귀의 음식점으로 갔다. 들어가 보니 대폿집이었다.

고기를 석쇠에 올리고 지글지글 구웠다. 속이 허하신가 해서 어서 드시라고 했다. 아버지는 너를 먹이고 싶어서라며 숨이

차서 드시지 못하시고 고기가 익는 대로 내 앞으로 놓아 주셨다. 우리 부녀는 말없이 마주 앉아 고기를 뒤집기만 하다가 새까맣게 탄 고기를 남겨두고 대폿집을 나섰다. 한사코 아버지가 값을 치르셨다. 아버지는 시장 골목도 처음이고 약주를 안하시는 터라 대폿집은 더구나 처음이시리라.

사날 후 아버지는 "혹시 내게 돈을 꾸어 주었다는 사람이 있으면 네가 갚아라." 하셨다.

그리고 나를 안타깝게 바라보셨다.

그리고 영면(永眠)하셨다.

유교 세대의 아버지는 대를 잇지 못해 조상께 면목이 없다며 평생 괴로워하시며 사셨다. 그런 것을 어려서부터 느껴온 나는 무남독녀가 된 것이 내 죄인 양 기가 죽어 살았다.

독자셨던 할아버지께서 외아들로 두신 우리 아버지에게 아들 사형제를 두라고 항렬자(行列字)인 병(柄)자 뒤에 휘, 황, 찬, 란(輝煌燦爛) 넉 자를 이름으로 주셨다. 아버지는 사 남매를 두었고 가운데 휘와 황이 아들이었다. 맏딸은 항렬자 뒤에 남녘남(南) 자와 막내딸 나에게는 푸를 록(綠)자의 이름을 주셨다.

일제 강점기에 위로 장성한 남매를 잃고 6·25전쟁에서 전사한 둘째 아들 황은 국립현충원에 잠들어 있다.

아버지가 운명하실 때 입었던 조끼 속주머니에서 종이가 얼룩지고 피어서 글자를 알아볼 수 없는 군사우편 엽서가 나왔다. 아들의 마지막 안부였다. 장대 같은 자식 셋을 당신들 앞서서 가슴에 묻고 애간장을 녹이며 사신 내 아버지 어머니.

부모님은 사십 중반에 '병황' 오빠와 열한 살 터울로 나를 낳으셨다. 부모님은 먼저 떠나간 자식들의 얘기를 내 앞에서 하신 적이 없다. 가슴속 너무 깊이 묻은 때문이리라. 생각이 꼬리를 물고 눈물이 나서 안경을 닦았다. 며느리는 못 본 체해준다.

아버지 기일에도 병원에 다녀올 만큼 건강이 시원치 않다. 내 나이 이순에 들어선 지금에서야 부모님의 아픔이 이토록 절절한데 사무친 한을 털어 놓을 수 있는 편한 자식이 되어 드리지 못했다.

유별나게 정갈하셨던 성품만큼 평생 외로우셨던 아버지.

"그때 내가 잘못 생각했다. 외할아버지께서 손수 지으신 집에서 이층집으로 늘려 이사 했다."

"그러셨군요." 며느리는 전을 부치고 나는 생선포 안팎에 부침가루를 무쳐서 계란 풀어 놓은 그릇에 넣어 준다.

아버지가 지으신 집에서 내가 아기 낳고, 아이들이 자라서 학교에 들어가고 또 아버지가 눈을 감으신 가족의 애환이 담긴 집이었다. 이사 간 낯선 집에서 어머니는 얼마나 적적하셨을까. 도우미 아주머니가 다녀가고 나면 큰 집에서 '복'이라고 부르는 치와와 한 마리와 내가 오기를 기다리는 것이 일과였다.

어머니는 무엇이라도 사들고 퇴근하는 내 손을 반기셨다. 그때는 바나나가 고기보다 귀해서 반송이 사고, 사탕, 연시, 때로 순댓국, 햇감자 나기를 기다려 쪄드리면 좋아하시고, 나랑 마주 앉아 들기름에 두부 부쳐서 소금 찍어 드시기를 즐기셨다. 내가 방으로 가면 방으로, 주방으로 가면 주방으로, 쫓아다니셨다. 거실에서 서예라도 하고 있으면 옆에서 쳐다보다가 졸다가 하셨다. 편안하게 누워 계시라면, 죽으면 실컷 누워 있을 걸 하셨다.

나는 그때 졸다가도 깜짝 놀라 놓칠세라 나를 보는 어머니 마음을 몰랐다. 어머니는 목욕하기를 좋아하셨는데 앙상한 어머니를 씻기면서 우는 나를 보더니 대학생 큰딸이 대신 외할머니 머리 감기고 목욕 시켜 드리고 했다.

빗줄기가 주방 창에 주르르 흘러내린다. 비 오는 날의 하늘은 무겁고 그래서 심정은 더욱 허허롭다.

"기열이 올 때 되었는데 나가볼까."

"네, 까꿍이도 데리고 가세요. 안 보이면 찾아요."

까꿍이는 손녀 서영이의 이름인데 연년생 제 오빠가 부르는 이름이다. 그러고 보니 예전에 내 어머니가 나를 기다리던 것처럼 나는 종일 손자가 어린이집에서 돌아오기를 기다리고 있었던 것 같다.

지난 설 차례 때만 해도 절을 할 줄 모르더니 내가 절을 하자 남매가 나에게 대고 맞절을 해서 조손(祖孫)이 머리를 부딪치고 웃었다. 부모님이 오셔서 편안히 쉬시며 음식을 드시라고 내가 붓글씨로 쓴 열두 폭 병풍을 여며서 둘렀다. 손자손녀는 병풍의 틈새를 찾아 기웃거리며 둘레를 빙글 빙글 돈다.

나의 착잡한 심정은 아랑곳없이 아이들의 웃음소리가 숲속을 깨우는 딱따구리 소리처럼 높다. 어른들이 아이들의 세계로 들어와 웃고 있다. 조상님도 함께 웃으신다.

무창포에서

반가운 일이다. 사돈이 무창포에 건물을 장만했다.

바다를 바라보고 있는 지하층이 있는 4층 건물이다.

경황 중에 들이닥친 우리를 맞아 안사돈이 부랴부랴 차린 점심을 먹고 때마침 쭈꾸미 축제가 열리는 동백정으로 관광을 나섰다. 바다를 막아 생긴 민물호수 백조 도래지를 지나는데 수백 수천의 청둥오리 떼가 무리를 지어 물살을 가르며 긴 꼬리를 끌어 그림을 그리는 감격적인 순간을 만난 것은 행운이었다. 시베리아 쪽의 철새로 돌아가는 먼 길에서 힘을 충전하기 위해 머무는 중이라 했다.

동백정은 400여 년 전에 마량리 수군첨사가 사고가 잦은 뱃길의 안전을 고심하던 중에 계시를 받고 심은 동백나무가 오늘날의 동백 숲을 이루었다고 한다. 기후가 아열대를 닮아간다지만 지금 이곳은 동백꽃이 만개할 수 있는 북쪽 마지막 지역이다. 85주의 아름드리 동백나무가 곧 벌 것 같은 탐스러운 꽃봉오리를 달고 있다. 정자에 기대서 바다를 조망한다. 수군첨사가 고심했던 뱃길은 평화롭다.

서면 마량리 해돋이 마을로 향했다. 쭈꾸미 축제를 알리는 애드벌룬을 따라갔으나 내일 일요 대목장 준비로 장내는 바쁘고 어지러웠다. 부두에 정박한 수십 척의 배가 물김을 퍼내고 있었다. 범벅 같은 물김이 공장으로 가서 여러 공정의 과정을 거쳐 밥상에 오른다고 한다. 밥상에는 산과 바다와 들의 노고(勞苦)가 오른다는 것을 실감한다.

바다는 자잘한 파도가 엮는 무늬가 반짝이며 눈이 부시다.

온 가족이 사돈댁에서 장만한 넘치는 저녁상을 대하고 건배하며 이 댁에 평화를, 아울러 부자가 되기를 축원했다.

밤은 아직도 쌀쌀한 계절인데 주 오일제 근무가 시작되면서 해변은 낮보다 더 밝고 번화했다.

물이 나간 바다에서 서성이는 나를 찾아 안사돈이 나왔다. 파도가 날라 온 조개껍질이 하얗게 되비치는 모래톱을 딸의 시어머니와 함께 걸었다.

등대로 향했다. 사돈은 어려웠던 시절의 얘기를 했다. 지금은 지나간 일이라는 어조에 힘이 있었다. 우리 애들 결혼 시킬 무렵 경영하는 공장이 여의치 않았다. 넉넉하게 자라 대학을 나온 며느리를 데려오면 씀씀이가 만만치 않을 거라는 남들의 말이 흘려 들리지 않아서 걱정했는데 막상 며늘애가 알뜰해서, 딸을 잘 길러 보내 주어서 고맙다고 했다. 나는 철부지 딸애를 잘 가르쳐 달라고 부탁했다.

우리는 부부교사로 봉급의 반을 저축하고 수도요금, 전기요금을 아끼고 살면서 사남매를 친정 부모님이 키우셨다. 나는 우리 부모님과 아이들에게 늘 미안했다.

사돈과 팔짱을 끼고 우리들의 시집살이 시절과 아이들 공부시키던 이야기를 하는 동안 등대에 다다랐다. 등대가 있는 방파제는 바다 쪽으로 깊숙이 들어가 있고 부두에는 이층 어판장 건물과 어판장에서 직영하는 음식점이 불야성을 이루고 있다. 사진으로 볼 때조차 그리움이 솟아나는 외로운 등대는 어둠 속에서 멀리 바다를 밝히고 있다.

세월이 가고 시집을 가도 가슴이 시린 셋째 딸이다. 초등학교 5학년 어린 나이에 심장판막 수술을 받아서 나의 삼십대를 20년은 더 늙게 한 아이이다. 눈이 커다랗고 가벼운 딸을 쓰다듬으며 너처럼 아픈 아이를 고쳐주며 엄마하고 살자 했더니, 대학교 3학년 때 오빠, 언니 제치고 결혼하겠다고 했다.

클래스메이트 동갑내기였다. 나는 잠 못 이루는 많은 날을 보내고 나서 애들 아버지를 설득했다. 세상에 나서 진심으로 좋아하는 사람을 만날 수 있는 것도 축복인데 그 사람과 평생을 산다면 그보다 더 한 행복이 어디 있겠느냐며 그 행복 딸에게 선물하자고 했다. 그래도 자식의 장래 문제에 한해서는 부모된 당연함일까 이것저것 생각이 많아서 선선히 허락하기가 쉽지 않았다. 딸은 알까 그때 부모인 우리 심정을.

우리는 딸이 진심으로 좋아하는 사람을 만난 것을 축하했다.

결혼하고 육군 소위를 따라 한 해에 세 번도 이사를 하는 딸이 아기를 가졌다. 다른 세상이 열린 것처럼 온 가족이 기뻐했다. 한편 전에 수술했던 기억 때문에 늘 아이를 물가에 둔 어미 같은 심정인데 병원에서 전화가 왔다. 숨이 멎을 듯이 달려갔다. 딸이 아기를 유산하고 아무것도 먹지 못하고 있었다. 사위가 한술만 넘겨보자며 산모를 안고 소나기 맞은 새처럼 둘이 떨고 있는 것을 보고 내가 데리고 있다 해도 더 잘할 수 없겠다는 생각이 들었다. '그래 잘 맡겼다.' 하고 순간 내게 있는 백팔번뇌 중에 하나가 느슨해졌다. 삶이 어찌 바람을 타지 않으랴. 내 딸의 가슴에 바람이 일 때면 나는 그 말만한다. '나는 너를 잘 맡겼다'고.

함석 챙을 두드리는 요란한 소리에 잠을 깼다. 굵은 비가 세차게 내리고 있었다. 조개를 캐러 가기로 약속한 날이다.

"사돈 섭섭하시겠어요."

안사돈의 웃음소리에 마주 웃어 답하며 우산을 받고 바다로 나갔다. 무릎까지 오는 장화에 우장을 입고 조개 캐는 사람이 꽤 있었다. 바닷가 슈퍼에는 장화와 호미를 대여한다고 써 붙인 광고도 있다.

나는 바닷물이 썰고 간 갯벌로 들어섰다. 만경창파(萬頃蒼波) 망망대해(茫茫大海) 밑에 이런 바위 벌이 있었나. 굴, 따개비, 우럭, 소라, 군소, 해삼, 성게, 전복, 불가사리, 다시마, 미역, 파래 등, 내가 알 수 있는 것은 흔히 보는 몇 종류뿐이고 헤아릴 수 없이 많은 생물에게 터를 허락하고 바위는 살아 있었다. 신(神)의 거대한 바다 밭이었다.

묵은 나무토막에 꽃이 만발한 것 같은 목침만한 돌이 눈에 띄었다. 주워들고 나오다가 자세히 보니 돌은 전체가 살아있는 굴딱지였고 딱지의 잎이 흰 레이스처럼 피어나서 절묘했다. 갯벌에서 놓고 앉아 들여다보면서 들고 갈까 말까 하는 사이 바닷물에 발이 젖어들었다.

빈손으로 나왔다. 이것을 가져다가 살릴 재간도, 말려죽일 배짱도 없었다.

언제나 그랬다. 프로스트의 '가지 않은 길'처럼 두고 가는 아쉬움이 남아서 한동안 뒤돌아보겠지만 그러나 지금 내가 굴 돌을 눌러서 바닷물에 담가놓고 가는 길은 후회하지 않을 길임을 믿으며 걸음을 떼었다.

지금 내가 들여다보고 있는 차돌은 무창포에서 왔다. 엄지만 한 작은 차돌에 두 개의 굴딱지가 등을 대고 백매처럼 꽃이 피었다. 바다소리가 들리고 갯내음이 풍긴다.

2.

미술관이 있는 섬

산책(散策)

군인 아파트로 가는 길은 일반 차량이 통제되어 언제나 여유로워서 좋다.

인도가 차도와 비슷하게 넓어서 오가면서 부딪치지 않고 걷기에 넉넉한 길이다. 부천 시내를 등지고 성주산을 오른편에 끼고 지루하지 않을 정도의 비탈길을 가자면 좋은 생각이 많아져서 좋다.

왼편으로는 건강 산책로가 있다. 산 위를 향해 통나무 계단이 있고 오르기 쉽게 난간을 따라 밧줄이 걸려 있기도 하다. 산정을 바라보며 오르다보면 하얗게 가르마가되어 산을 넘는 길을 안내한다. 길 아래 낭떠러지 밑으로 물이 마를 때가 더 많은 개울이 있다. 전에는 점심을 가지고 와서 빨래하고 삶아서 돌밭에 널어 말려가던 깊은 계곡이었다. 개울 건너 소나무가 사철 청청한 산이 성주산이다.

냇물이 하얗게 반짝이며 흘러 가다가 산모퉁이에서 꼬리를 감추고 오르막길도 끝나는 곳에는 방책이 쳐지고 민간인인 우리는 더 가볼 수 없어서 기웃거리며 궁금증을 더해준다

고개를 성주산으로 돌리자 오십견의 후유증으로 시원치 않은 어깻죽지가 뻐근하게 늘어나며 시원하다. 붓을 잡고 하는 작업이 부담스럽지 않은 그런 날이 내게도 올까? 마음에 드는 글씨 쓰고 마음에 드는 그림 그려서 환희에 찬 웃음을 지을 수 있는 날이 오고는 있을까? 취정 이준구 선생님과 난정 이지연 선생님께 서예를 공부하고 운곡 강장원 선생님과 서포 김주성 선생님께 문인화를 공부하였다. 하지만 안고수비(眼高手卑)에 이르러 붓의 무게를 감당하기 어려울 때면 이 길을 걷는다.

떠올리기만 해도 설레는 친구가 있다. 고민은 각자 자신의 몫이니 어찌 나를 알까 만은 친구가 말했다. "명상을 하라"고.

주일 미사를 마치고 성당 근처에 있는 '솔안말'이라는 화원에 들렀다. 송내동의 옛 지명을 상호로 쓴 친근감으로 사귄 꽃집에서 석부작 콩짜개(豆蘭)를 보고나서 군인아파트로 가는 길로 왔다. '붓'과 친구와 '명상'과 같이 걸으면서 내게 이 세상이 소풍일 수 있는 것은 그 친구가 있어서다.

너는 시(詩)다.

길을 가면서 하늘과 나무와 사람들을 좋아하고 여기저기 두리번거리는 여유도 부리고, 풀밭에서 네잎 클로버를 찾는 행운

도 너로 해서다. 너는 자세하게 이해하려고 애쓸 필요도 없는 친구다. 사랑이나 마음은 말로 설명할 수 없지만 어떤 식으로든 표현하고 나면 참으로 아무것도 아닌 게 된다.

군인아파트 초소가 보이는 길모퉁이까지 갔다가 되돌아오는 길의 풍경은 어둠에서 빛으로 바뀌는 순간처럼 생소하게 변한다. 내려다보이는 부천시내 회백색의 도시 모습이 길을 오를 때의 성주산의 청청한 시야가 사라질 뿐만 아니라 사고(思考)까지도 바꾼다.

도시 풍경을 닮은 잡다한 사념이 살아난다. 단순했던 사고가 복잡하게 전환하고 빠르게 적응하는 것을 내 안에서 본다.

봄과 여름 구분이 모호한 계절에 아직도 버릇처럼 옷깃을 여미면서 돌아오는 길은 성주산 허리를 둘러 흙길 산책로가 만들어졌다. 잡목 사이에 성게 같은 까치집을 이고, 나무는 푸르러 간다.

참새보다도 알찬 데가 모자라 보이는 선비 같은 새가 제 몸 길이가 넘는 긴 가지를 부리로 물어 나무 제일 높은 곳에 터를 잡고 얽어 집을 짓는다. 바람이 불면 나무째 흔들려 태풍에도 끄떡없는 까치집이다. 먹이를 물고 제 집 근처에 와서 경계하는 까치는 새끼를 걱정하는 여느 어미와 다를 바가 없다.

산책은 과거 현재 미래가 아우르며 열락(悅樂) 하는 통로다.

조경자는 잘 있는가.

광복, 그 무렵에 이천 읍내에 살고 있었다. 또래들은 사내아이 계집아이 구별을 몰랐던 시절이었다. 조경자네 앞마당 우물가에는 꽈리가 붉었고 개보다 무서운 거위 한 쌍이 우리들에게 유난히 으스댔다. 우리는 하루 중 가장 많이 경자네 집에서 서성거렸고 경자 엄마는 뭉치 떡을 듬뿍 주곤 했다. 경자네 집은 방앗간이었다. 나의 장래 희망은 오랜 후까지 방앗간 주인 이었다. 경자 어머님은 생존해 계시겠지. 우리 동네 앞에는 다슬기가 살고 외나무다리가 있는 개울이 흘렀다. 개울가 하늘을 찌를 듯이 높은 미루나무에서 매미가 억척스레 울어댔다. 고개를 한껏 젖히면 거기 나무 꼭대기에 까치집이 있었고. 외나무다리는 우리 또래들의 놀이터였다.

까치란 놈 제 집을 쳐다보며 한참 서 있는 나를 수상쩍게 여기기 시작했다. 나뭇가지 사이를 깡충깡충 건너뛰며 짖어대고 경계가 삼엄하다. 집으로 가는 지름길로 내려섰다. 가을은 무지갯빛 옷을 입고 하늘로부터 내려오고 봄은 땅을 간질여 깨우며 올라온다. 노랑 민들레꽃이 까르르 자지러지며 땅을 긴다.

내리막길 둔덕을 일궈 요모조모 땅을 아껴 이렇게 손바닥만 한 밭을 일구다니. 청치마, 홍치마 캉캉이라도 추려는가 나풀거리는 상추밭 발치에 파란 쑥갓 구색을 갖추고 밭머리를 빙 둘러 콩 포기가 동그란 잎을 달랑거리고, 다 자라면 사람 키만 할 토란대가 두어 뼘 남짓 제 꼴만 갖추고 섰다. 나뭇가지를 꽂아 둘레를 하고 갈아놓은 이랑은 고추 모종을 낼 밭인가 보다. 누구일까. 다 합쳐야 웬만한 집 집터만한 땅을 이토록 아낀 사람은. 손잡이가 깨진 플라스틱 바가지가 반쯤 담긴 물통에 떠있다. 땅위를 기는 소슬한 바람에 완두콩 포기는 잎을 뒤집어 보이며 호들갑을 떤다.

동네로 통하는 길은 성주초등학교 운동장을 가로 지른다. 얼마 전만 해도 초등학교 높은 담장을 끼고 돌아서 다녀야 했는데 어느 날부터 성주초등학교가 담장을 헐고 운동장을 가로지르는 길을 텄다. 운동장 길을 사용하는 시간을 정한 것도 아닌데 동네사람들은 학생들 수업이 있는 낮에는 길을 빙 돌아서 예전처럼 다닌다. 오늘은 주일이어서 학교는 운동하는 사람들로 붐비고 나는 그 가운데로 길을 트며 집으로 향했다.

세레나데

오늘도 창을 두드리는 청아한 노랫소리가 새벽잠을 깨웠다.

누워 게으름을 만끽하면서 이 아침에 찾아와 세레나데를 부르는 오늘 너의 모습을 그려본다.

노오란 재킷 차림일까, 흰색 안경테를 뽐내는 동씨성의 멋쟁이 동박새이실까, 갈색 정장의 정중한 그때 그 신사일까.

둥글둥글 높은 톤의 아름답고 경쾌한 합창이다.

나는 행복해하면서 우아하게 창문을 열었다. 세레나데가 그치고 가볍게 깃을 치며 후루룩 새가 날았다. 오늘의 테너는 자갈색 정장의 찌르레기, 여름 나그네 새였다. 날아가고 몇몇은 마루 난간에 앉아 나를 아랑곳 하지 않고 저들끼리 수다에 열중한다. 나는 무엇이라도 주고 싶은데 요즘 복부비만이라고 해서 주변에 좋아하는 주전부리를 두지 않아 궁리 끝에 커피를 내리고 향이 좋아서 모아놓은 지게미 그릇을 슬며시 밀었다.

그들은 내 호의에 관심 없이 훌쩍 날아갔다.

솔마루미술관 숲은 나그네새들이 들러서 쉬어가는 주막 같은 곳이다. 이곳에서도 새들은 낯을 가려 같은 종족끼리만 무리를 이룬다.

이른 봄에는 노오란 방울새가 오고, 여름에는 황금새, 가을에는 꼬까참새 떼의 합창에 혹하고, 핑크 나비넥타이의 멋쟁이 휘파람새와 정감어린 목소리로 노래하는 찌르레기는 겨울에 들른다. 길을 잃고 미술관에 들어와 유리창에 부딪치며 허둥대는 딱새를 잠자리채로 잡아 날려 보내는 경우도 종종 생긴다.

여기 와서 벌써 네 번째 가을이 깊어간다. 바다 건너에서 불어오는 바람소리, 나뭇잎 사각이는 소리, 깨끗하고 맑은 목소리로 하느님 나라를 찬미하는 새들…. 목소리뿐인가. 형형색색 아름다운 그들의 맵시에도 반하지 않을 수가 없다.

이들도 시류의 변화에 어쩔 수 없음인가. 요즘은 조류 인플루엔자라는 복병 때문에 달갑지 않은 존재가 되어가고 있다. 비둘기 먹이를 주면 벌금을 부과하는 나라도 있다. 그러나 솔마루미술관 새들은 여전히 아름다운 노래꾼이다.

새의 고장이라 새와 각별한 인연도 생긴다.

김화백의 화실은 사계절이 살아 숨 쉬는 수려한 산골에 그 산에서 자란 삼나무를 다듬어 손수 지었다. 화실이기 전에는 문중 사당이 있는 고택이었다. 겨울에도 동백꽃이 붉고 버들매

휘어 늘어진 마당귀에 얼지 않고 마르지 않는 샘이 솟아 약수를 길러 올라오는 사람들도 있었다.

선생 부재 시에도 지인이 와서 며칠씩 묵어가기도 하는 집에서 새들이 먹이를 차지해도 짖을 줄 모르는 진돗개 한 쌍이 새끼를 기르고 있다.

고택이었을 때다.

그날 선후배 화가 서넛이 방문했다.

바다에 배를 띄우고 종일토록 드리운 낚시 거두고 산채에 들어와 권커니 잣거니 하며 하여가에 삼행시로 답하다가 이슥해서 잠이 들었다. 어느 때쯤 되었을까, 옆에서 코를 골던 후배가 선생의 옆구리를 꼬집으며 '쉿' 하고 은밀하게 깨웠다.

"뭐하냐고 그래요. 누가 보고 있어요."

한밤중 산속 외딴집에 누워 무슨 헛소리냐고 돌아눕다가 문득 들리는 소리. 아닌 게 아니라 반백년 넘게 바래고 그을린 아름드리 대들보 위에서 '뭐하니 뭐라니' 하였다.

두런두런 모두 일어나, 아무것도 아니라느니, 새소리라느니, 내려가자느니, 날이 샐 때가 멀지않으니 참자느니, 왈가왈부 끝에 하산하기로 합의했다. 배터리 수명이 다해가는지 접촉 불량인지 껌벅껌벅하는 손전등을 앞세우고 하산하기 시작했다.

웅크린 산 그림자 흔들거리고 고목 부딪치며 부러지는 소리 으스스한 저수지 낭떠러지를 더듬어 내려가는데 톱니 같은 한

삼덩굴이 발목을 감고 늘어진다.

그때 멀리서 불덩이 하나 불끈 솟아오른다. 누군가가 "도깨비불이다." 하고 작은 소리로 속삭였다. 불덩이는 둘이 되고 셋이 되는가 싶더니 수많은 불덩이가 훌렁훌렁 춤추며 다가와 웬만한 거리를 두고 갑자기 멈추더니 함성이 들렸다.

산 아랫마을에서는 인적 끊긴 지 오랜 산채에서 껌벅껌벅 떴다 감았다 하는 것이 도깨비불이 영락없다 하여 온 동네가 사발통문을 돌린 후 횃불을 들고 올라오는 중이었다. 도깨비 잡으러….

나는 허리가 휘도록 웃으며 고택 대들보 위에 있던 것이 무엇이냐고 물었다. 새라고 했다. 무슨 새냐고 물었다 '뭐하니'라는 새라고 했다.

사람들 가운데는 누구에게도 화가 미치지 않는 포를 쏴서 좌중을 리드하는 사람이 있다.

나는 지금도 '뭐하니'라는 새가 있는지, 한밤중 사발통문에 도깨비 잡으러 온 마을 사람들이 산으로 올라갔는지 아무래도 모르겠다. 혹시 내가 포를 맞은 게 아닐까.

미술관이 있는 섬

세계 공항 서비스 부문 9년 연속 1위 인천국제공항이다.

공항에는 인하대 병원이 있고, 세탁실, 외투 보관실, 사우나, 수면실, 구두 가방 수선실, 아기 수유실. 도서실 등을 24시간 무료 제공하고 있다.

아시아나 항공편으로 1시간 45분 비행해서 다카마츠 국제공항을 통해 일본에 입국했다. 오쿠라 호텔에 도착해서 짐을 놓고 1천 엔씩을 받아서 자유 석식 겸 다카마츠 쇼핑 아케이드 거리 탐방에 나섰다. 7시경인데 상가는 거의 닫혀 있었다. 창업 70주년 高松이라는 우동집을 찾았다. 테이블 2조와 주방으로 된 가게였다. 10여 명이 포즈를 취한 커다란 가족사진이 있고 이름과 얼굴을 걸고 상품을 만든다는 90세 小河仲太郎 부부가 네팔인 종업원과 같이 운영하는 가게였다. 우동은 600엔부터 있는데 1200엔 새우우동을 주문했다. 외국인 고객이 반갑다며 1000엔을 받았다. 쇼핑센터에는 같은 상품인데 물건 값이 다른 것이 있었다. 값이 싼 물건은 원가가 오르기 전에 들어온 것으로 오르기 전 가격대로 받는 다고 했다.

- 다카마츠 리쓰린공원(栗林公園)

400년의 전통을 이어온 공원이다.

한 걸음마다 다른 경치가 보인다(一步一景)라는 일본 에도시대(1920) 귀족공원 유산으로 국가특별명승지(1875)로 지정 일본을 대표하는 정원이 되었다. 6개 인공호수와 13개 인공산이 조화를 이루고 공원을 대표하는 유서 깊은 고목 소나무는 아름드리 둥치에 높이는 1, 2미터 분재형이다.

한국 우리 산야에 울울창창(鬱鬱蒼蒼)한 소나무가 떠올랐다.

- 나오시마(直島) 예술의 섬

나오시마는 세계 여행전문지 '콩데 나스트 트러블러'가 죽기 전에 가보고 싶은 세계 7대 명소로 추천하는 곳이다.

이 섬은 현재 추세에서 예외일 수 없이 인구 감소로 활력을 잃어가는 때에 건축가 안도 타다오가 자연과 미술작품, 건축물이 하나가 된 예술의 섬으로 재탄생 시켰다. 이곳에 대한민국 화가 이우환(李禹煥) 미술관이 있다.

- 나오시마 지중미술관(Chichu Art Museum)

관람료 2,060엔, 15세 이하 무료, 관람 시간 10:00~16:30.

안도 타다오는 콘크리트, 철, 유리, 나무, 이 네 가지의 소재로 섬의 자연 경관과 함께하기 위한 미술관을 지하(地中)에 세웠다.

보통 건축물보다 좀 높다 싶은 거친 콘크리트 벽이 삼면 혹은 사면으로 전시 공간을 만든다. 지하이면서 자연광이 들어와 작품과 공간이 시시각각 변화하는 현상을 체험한다. 미술관 내에는 4개 전시실이 있다.

클로드 모네(Claude Monet)

지중 공간에서 한 면을 차지하는 대형 캔버스 모네의 수련을 위시해서 회화 5점을 감상하러 세계 도처에서 모네 애호가들이 이 섬으로 온다고 한다.

월터 드 마리아(Walter De Maria: 설치미술가 조각가)

20여 계단을 오르는 공간에 지름 2.2m대리석 공이 있다. 천장이 뚫려 있어서 원구에 하늘의 변화가 움직이는 그림으로 살아나며 일출에서 일몰까지 자연과 함께하는 변화를 볼 수 있다.

제임스 터렐(James Turrell: 빛 설치미술가)

유니폼, 표정, 말소리가 틀림없는 우주인 차림의 안내를 받아 삼면으로 된 공간에 들어갔다. 한 자리에 서 있는데 절벽이었다가, 뒤집힐 듯 흔들렸다가, 암흑을 헤매다가 했다. 빛 그 자체를 예술로 제시하여 '본다는 것은 감각적 행위다'라는 이론을 체험했다.

안도 타다오(Ando Tadao): 건축 예술가

나오시마 지중미술관 건축물이 안도 타다오의 예술 구조물이다.

이우환(李禹煥: Lee Ufan Museum): 현대미술운동 중심작가

관람료 1,030엔, 15세 이하 무료, 관람시간 10:00~16:30

삶과 죽음의 우주적 공간을 표현한 사색하는 미술관이다.

도로 아래로 뚝 떨어져 도로나 다른 구역 간에 경계표시도 출입문도 없는 넓고 무심한 잔디밭에 아름이 넘는 둥근 바위와 옆에 각진 기둥이 장대같이 높이 서 있는 외관의 자연과 콘크리트 벽으로 된 긴 회랑을 돌아 나타나는 공간과, 전시 작품이 삼요소로 조화를 이룰 때 작품의 완성이라고 한다.

- **혼무라**(Honmura, Art House Project)

입장료 1,030엔, 15세 이하 무료, 휴관일 월요일

오래되고 낡은 집과 좁은 골목 마을을 주민과 예술가들이 협력하여 '아티스트의 집'으로 예술화하고 상품화하였다.

인구 감소로 활력을 잃어가던 나오시마 섬이 세계 사람들이 방문하는 예술의 섬이 되었다.

- 쇼도시마 도노쇼 항의 조각품

한국 최정화 작가의 조각 작품 '태양의 선물'이 해상국립공원 도노쇼 항을 금빛 찬란하게 빛내고 있다. 금속 올리브 잎으로 왕관 혹은 감상하는 사람에 따라 월계관으로 형상화한 작품은 수백 개의 금빛 올리브 잎을 뚫어 글을 쓰고 작가의 메시지를 보내고 있다.

이번 여행은 학습이라 하고 싶다. 그림은 캔버스 안에 있지 않다. 바쁘게 다니면서 시간이 어떤 것을 보내고 무엇을 가져오는가도 보았다.

타임머신

가흥산 자락에서 살고 있다. 번지도 가흥로 641이다.

겨울도 지내고 나니 길기만 하던 차가움도 잠깐인 것은 귀촌의 타향살이 서성임 때문인가.

덧옷 깃을 푹 여미고, 전화 해볼까. 내일은 하자. 옛 이야기 하듯 눈이 내리면 그때도 또 전화해 볼까.

아직 여민 옷깃 열기는 멀었는데 매화가 피었다.

장희빈의 속눈썹이 이랬을까. 어여쁜 꽃술이 매화를 사랑하게 한다.

꽃 중에 섹시한 꽃. 어둡고 긴 겨울 참고 기다려 제일 먼저 피었음을…. 오늘 전화하자.

전화번호 019는 없어졌다고 했다. 가슴 속에서 '쿵' 했다. 전화번호 019 의미가 그렇게 컸었나. 그래서 나의 아름다운 긴 날이었나.

매화가 피고 모란이 지고 벼가 익고 눈이 쌓이고 몇 번인가 그렇게 갔지만 그러나 짧은 날이었다.

마을은 신작로를 두고 돌담을 낀 구옥과 슬라브 신옥이 서로 의지해서 산다. 나는 마을 한가운데로 난 길을 걸어 가흥산에 오른다.

산 초입에 대나무 울을 두른 정씨 문중사당이 있다. 사당 맞은편 양지 바른 야산자락에 봉분 서너 기가 뽀송한 잔디를 덮고 조는 듯하다.

이 고장은 한눈에도 '좋다' 싶은 터에는 모두 사당을 모셨다. 내가 처음 와서 한다하는 사람들의 별장이 많기도 하다고 놀랐는데 대궐 같은 그 집들이 각 문중의 사당이었다.

팔렸다는 깃대가 꽂인 대파와 봄동 밭이 여기저기 푸르다.

진도읍으로 향해 국도가 생기기 전에 이 길로 학동들이 학교를 다녔고 예전 관리들이 부임하는 가마 행차 길라잡이도 이 길을 넘었다고 한다.

산은 아직 감감하다. 건너 산골짜기에 잔설이 희끗하고 골을 덮은 갈참나무는 마른 잎이 달린 채 사각거린다. 소슬바람 마른 풀을 해작이고 새털구름은 산마루에 멈췄다.

나는 우리 마을을 등지고 산마루에 섰다. 길이 가는 대로 산 아래 연산마을을 거쳐 덕병마을을 지나 금골산을 돌아 아슬하게 눈 닿는 끝에서 서울로 간다.

나는 마이 웨이. 박차며 그렇게 걸었는가.

내가 걸어온 길의 발자국은 뒤에서 따라오지 않고 오늘도 앞에서 가고 있다.

어머니는 학교 출입이 잦았다. 6·25 전쟁 직후 우리들은 한 교실에 80여 명이 우동집 걸상 같은 책상을 앞에 놓고 바닥에 앉아 공부했다.

어머니는 고만고만한 아이들 가운데서 나를 잘도 찾아냈다. 조반을 남겼다는 이유로, 미열이 있다고, 또 갑자기 날씨가 차가워졌다는 등, 도시락을 놓고 갔다는 것은 그중에 가장 당당하게 학교로 나를 보러 오신 이유가 되었다.

어머니는 머리숱이 적었다. 다리를 드리지 않을 때면 어머니 머리의 은비녀는 늘 삐뚜름했다. 비녀의 무게를 이기지 못하는 솔방울처럼 빈약한 어머니의 쪽이 나는 창피했다. 그러나 어머니는 초등학교에서 중·고등학교까지는 그렇다 해도 기린 같은 청년들이 들어찬 대학까지 학교 행차에 거침이 없으셨다.

지금도 더듬어보는 어머니 뜻은 세월이 가면서 더더욱 밤하늘의 별처럼 헤아릴 수 없이 많다. 내 어머니의 사랑이 가없어라.

그 길에 23살이 있다.

상아탑이 있다.

도서관이 있다.

4·18이 있다.

안암의 언덕은 환하다.
1일 1권 독서 지새던 밤이 있다.
무엇이 되리라는 날이 있다
하느님을 뵐 수 있을 것 같은 깨끗함이 있다.
반짝이는 고민이 있다.
네가 있다
메들리 행진곡이 있다.
암스트롱의 트럼펫이 있다.
젊은 베르테르의 슬픔이 있다.
아픈 손가락이 있다.
나는 반 발짝씩 늦었다
손수 달여 먹여주신 보약 냄새 아버지가 언제나 있다.
지금은 아버지를 위해서 무엇이 되었음 싶다.

백두산 기행

지구 반대편도 훌쩍 오가는데 백두산이 우리에게 멀고먼 것은 남의 나라 중국을 통해서 돌아갈 수밖에 없는 현실 때문이다. 그래도 우리의 영산이 아닌가. 국토의 발부리 진도에서 백두산을 향해 떠났다.

진도에서 새벽 4시에 떠나 인천국제공항에서 가이드와 미팅 13시까지 시간이 넉넉해서 인천 아들 집에서 아침을 먹고 트렁크도 다시 점검하고 지하철로 이동했다.

공항에서 만난 우리 일행은 사위가 처가 부모님을 모시고 가는 효도여행팀의 4인 가족과 우리 부부, 그리고 여러 나라를 신혼여행중이라고 소개하는 51세의 동갑 신혼부부를 위시해서 여덟 명이다.

중국의 대련까지 1시간 비행 거리다. 기내식으로 연어 샌드위치가 나왔다. 시차는 1시간이고 화폐는 1위안이 191원이다.

달러와 유로화는 통용 되지 않고 위안만 쓴다고 해서 환전했더니 면세점은 물론 구멍가게에서도 우리 돈이 통용되었다.

주은래가 중국 땅에서 제일 먼저 해가 뜬다고 해서 이름 붙인 단동에서 현지 가이드와 단동호텔로 이동했다. 우리말이 서툰 가이드는 어머니가 북한인 아버지가 중국인이라며 왕서방이라 불러달라고 했다. 여행에는 가이드의 해박한 지식과 입담도 즐거움의 하나인데 우리 가이드는 말수가 적은 사람이었다.

압록강(鴨綠江)

압록강은 고구려전(高句麗傳)에 '물빛이 오리머리의 색과 같아 압록수라 불린다'는 기록에서 비롯되었다고 한다.

북한과 중국의 국경으로 790킬로미터의 우리나라 제일 긴 강이다. 103개의 섬으로 되었으며 100개의 섬은 북한에서 관리하고 3개의 섬은 중국에서 세를 지불하며 사용하고 있다. 바로 건너다보이는 우리 역사를 바꾼 위화도는 소박한 마을처럼 보이는데 군인 가족들만 살고 있다고 한다.

일정에 포함된 유람선 승선 요금에 한 사람 오천 원씩 얹어주고 쾌속선을 타고 압록강으로 들어갔다. 중국인 선장은 우리말이 가이드보다 더 유창했다. 쾌속선은 경쾌하게 압록강을 헤엄쳤다. 혁명사상 선전 대형 설치물이 보이는 것만 아니면 여느 평화로운 강가 마을과 다름이 없다. 총을 멘 군인들이 우리를 향해 있는 막사 초소에는 개가 졸고 있다. 어린이를 데리고 빨래하는 여인 옆에서 고기 잡는 배에서 묵직한 그물을 들어 우리에게 보여준다. 소달구지가 강모래를 나르는 강에 오리가 떠다니고 강가 언덕에서는 염소가 풀을 뜯는다. 강마을 텃밭에서 깨, 콩, 옥수수, 고추가 익어가고 울타리에 호박이 매달린 흔한 시골 강가의 집은 줄지어 늘어선 공동주택들이다.

쾌속선은 속도를 줄이며 강가를 서서히 돌았다. 선장은 우리에게 일어서거나 움직이지 말고 소리 내지 말며 사진도 찍어서는 안 된다고 했다. 보기만 하라는 선장의 말이 아니라도 우리는 말을 잃고 가슴이 시렸다. 중국인 선장을 통해서 중국 담배는 줄 수 있다고 했다. 선장에게 담배 값을 치르기로 하고 강가로 다가가면서 선장이 담배를 던져주자 사람이 나와 재빨리 줍고 숨으며 '사랑해'라는 외침이 숲속에서 들려 왔다. 우리는 죽은 듯이 있는 처지라 아무 대답도 못하고 압록강은 유유히 흘러갔다.

광개토대왕비

광개토대왕비는 옛 고구려의 왕도 국내성이었던 집안시(集安市) 외곽에 있었다. 농가 밭에서 발견되었다고 하는 광개토대왕비 곧 호태왕릉비(好太王陵碑)가 비각 안에 방탄유리 벽으로 보호되고 있다.

높이 6.39미터의 웅장한 광개토대왕비 앞에서 우리는 묵념을 했다. 심정이 착잡했다.

서예를 공부할 때였다. 광개토대왕비는 서예의 종주국인 중국의 쟁쟁한 어느 서체와도 닮지 않은 경건하며 장엄하고 따스한 우리 고유의 자유로운 서체라고 배웠다.

아마도 비석의 글씨는 대왕의 절친한 친구가 쓰지 않았을까, 애통함과 애정과 너그러움이 절절하게 넘친다고 했다.

비문은 왜국(倭國)과 싸운 일과 요하방면 정복에 대한 기록인데 일본이 해석을 다르게 하고 있다.

- 태왕(광개토대왕) 제단 유적

태왕 제단이 있는 산으로 이동했다. 한때는 그윽한 산이었을 성싶은, 하지만 지금은 잡초가 우거진 황폐한 언덕 위에 호태왕의 관(棺)이 놓였을 것이라고 추정하는 흔적이 있다.

태왕의 관을 모셨던 곳에서 집안시를 내려다본다. 지금의 집안시는 옛 고구려의 왕도 국내성이었다.

18세에 즉위하여 38세로 승하하기까지 만주 전역을 장악하고 국위를 떨치며 만주벌을 호령하는 광개토대왕의 말발굽소리가 쟁쟁하다. 아깝고 안타까운 애달픔이여.

장수왕릉

중국에서 고구려 장군총이라고 하는 장수왕릉으로 향했다.

인류가 이루어냈으며 보호해야 할 유네스코 세계문화유산으로 지정된 장군총이라는 표지판이 있는 장수왕릉은 입장료가 30원(元)이다.

장수왕능 앞에 서는 순간 우리는 일제히 "피라밋이다." 하는 탄성을 울렸다.

능은 안팎이 화강석으로 7단의 피라밋 형인데 높이 13미터 한 변이 33미터의 거대한 바위산에 가까웠다. 아시아의 피라밋이라고 하는 이 무덤의 주인이 고구려 장수왕이다. 장수왕은 고구려 광개토대왕의 태자다. 고구려 20대 왕으로 등극해서 고구려를 전성기로 이끌어 반석에 올린 왕이다.

우리는 오늘 대륙을 휘잡은 고구려 위대한 왕의 능을 관람료를 지불하고 이국에서 만나고 있다.

중국을 여행하면서 전근대적 화장실을 이용하는 고생스러운 경우가 있는데 이곳은 유네스코 세계문화유산답게 비데가 설치되고 정결하여 사용료를 내야하나 머뭇거릴 만큼 모든 시설이 좋았다.

백두산, 백두산

국도 80킬로미터 주행 속도로 거의 4시간을 가는 버스 여행이 지루했다.

옥미(玉米)라고 부르는 옥수수 밭이 산야를 덮어 가도가도 끝이 없다. 효도관광을 보내드린 아들이 "백두산은 잘 보시고 오셨습니까?" 하고 여쭈니 "옥수수 밭만 생각난다." 했다는 일화가 생길만 하다.

장백시에 이르러 한국인이 경영하는 유가촌 진달래정에서 한식으로 식사하고 산문에서 셔틀버스로 장백주차장으로 이동했다. 버스요금이 85원이고 백두산 입장료는 210원이다. 과묵한 우리 가이드가 백두산 등정에 앞서서 조심해야 한다며 말했다.

태극기 휘날리지 않기, 애국가 부르지 않기, 술 마시고, 춤추지 않기, 집단으로 통성 기도하지 않기, 제사상 차리고 절하지 않기, 무속 굿판 차리지 않기, 우리나라 담배 주지 않기, 북한쪽에 대고 주먹질 하지 않기 등.

가끔 엉뚱한 행동이 일어나 문제가 된다고 한다.

9월 중순의 더위가 30도를 오르내리는 고장에서 왔는데, 이곳은 벌써 낙엽이 져서 백두산의 또 하나 명물인 수중공주(樹中公主) 자작나무가 숲이 옷을 벗고 하얀 나신이 되어 떨고 섰다. 고산화원(高山花園)의 1,800여 종 야생화가 백두산 고산지대를 수놓아 장관을 이룬다는데 꽃은 이미 마른풀이 되어 굴러 다닐 뿐 자취도 없다. 야생화는 6월 중순에 개화하고 9월 중순이면 눈이 내리는 기후에서 고산의 꽃은 상상이 어려웠다.

백두산은 함경북도와 중국의 경계에 있는 우리나라 제일의 산인데 중국에서는 도태산(徒太山), 태백산(太白山), 장백산(長白

山)이라는 이름으로 부른다.

백두산 정상 병사봉에 화산호 천지가 있다. 총면적 8천평방킬로미터이고 2,749미터의 주봉인 장군봉을 위시해서 2,500미터 이상의 봉우리 16개가 천지를 호위하듯 솟아올라 남으로 울릉도와 독도에 이어지는 화산맥이다.

백두산의 진면목은 멀리서 보면 산의 머리가 희게 보여 붙여진 이름이고, 운무에 가려있는 날이 더 많아서 백번 와야 두 번 볼 수 있는 산이며, 3대가 공덕을 쌓아야 참모습을 만나 볼 수 있는 운을 얻는다는 영산이라 한다.

비바람 치는 날이 연중 300일이 넘는다는데 어젯밤 호텔 창밖으로 비 내리는 하늘을 원망했는데 오늘은 거짓말처럼 청명한 하늘을 올려다보며 우리 일행은 덕을 베푸신 조상님을 모셨다고 기뻐했다.

백두산의 동남쪽은 북한이고 북서쪽은 중국 지역이다. 중국 지역 여행코스는 서파(서백두)와 북파(북백두) 두 코스인데 파(坡)는 언덕이란 뜻이다. 우리가 오르는 서파 코스는 백두산 서쪽에서 오르는 길이다. 해발 2천미터가 넘는 고원지대답게 나무 한 그루, 풀 한 포기 없고 바위조차 보이지 않는 장엄한 위용이면서 산세가 곱다.

외투를 한 벌씩 덧껴입고 등정길에 올랐다. 올려다 보이는 까마득한 높이에 1,441계단이 눈앞에 열렸다. 계단길을 오르기는 힘들었다. 일정한 보폭과 무릎의 높이에 심리적인 긴장이 더해져서인지 영 죽을 맛이다. 계단 옆 흙길이 조금 편해보여 그리로 가려고 했더니 위험해서 통제한다는 팻말이 있다. 우리 일행 중에 효도관광 팀의 좌상(座上) 어르신도 계단을 쉬엄쉬엄 잘 올라갔다. 체중이 있는 나는 스틱에 의지하여 천지를 만나리라는 일념으로 열심을 내었지만 걸음은 자꾸 뒤처졌다. 네 사람이 한 조가 되어 가마꾼들이 도열하듯이 늘어서서 '가마가마'를 외쳤다. 가마 사용 요금은 편도에 우리 돈 8만원이고 왕복에 12만원이라 했다. 정상에 대한 도전일까, 자기 자신에 대한 믿음일까, 가마를 타는 사람은 보이지 않았다. 남편은 내 걸음에 맞추느라 초콜릿을 주기도 하고 쉬어가자고 권하기도 했다. 계단마다 번호를 붙여놓아 정상까지 남은 거리가 줄어드는 것을 짐작할 수 있어 그나마 힘이 되었다. 백두산 등정은 이 계단에서 포기하는 사람이 많다는데 여름 등정이었다면 나도 어땠을지 모르겠다.

마지막 계단을 넘는 순간, 유레카!

시야가 '쨍' 소리가 날듯이 일변했다.

백두산 천지 앞에 서는 감격이여.

하늘과 천지가 닿을 듯 닮은 듯 하늘에는 한 점 구름도 없고 티끌 하나 없이 사위가 정지된 고요의 순간. 하늘과 천지의 거룩함을 깨울까 움직일 수조차 없었다.

백두산 천지

백두산 천지는 용왕담이라는 이름도 가지고 있다.

수온은 10℃로 생물이 살지 못한다. 남북 50㎞ 동서 3㎞ 둘레 12㎞ 수심 31,23m의 규모로 세계에서 가장 높은 화산호다. 압록강, 두만강, 송화강의 근원이며 국토를 누비는 강의 발원지로 하늘이 주신 우리의 자존심이다.

천지는 밧줄로 경계를 표시하고 북한 쪽도 마찬가지로 무심하게 늘어진 지척에 밧줄이 철의 장벽보다 더 높기만 하다.

관광객들은 천지를 배경으로 사진사에게 기념사진을 찍었다. 사진은 10분 후에 나왔고 1장당 만원이다. 쪽빛 하늘과 천지를 배경으로 포즈를 취한 우리 부부의 사진이 제일 멋지게 나와 대박이라고 박수를 받았다. 내가 봐도 남편의 흰 외투와 내가 입은 빨간 점퍼가 쪽빛 하늘색과 어울려 참 멋졌다.

금강대협곡(장백산대협곡)

금강대협곡은 동양의 그랜드캐년이라고 부르는 장관이다. 백두산 화산이 용암을 분출할 때 만들어낸 기이한 형상과 규모가 길이 70㎞ 달한다. 그중에서 10㎞ 가량 개방되었는데 신의 솜씨인가 놀라움을 언어로 표현할 길이 없다. 협곡 100m 깊이에서 솟구친 물은 백두산 천지에서 발원하여 송화강에 이른다.

계곡은 낙타바위, 범바위, 수리바위 등 갖가지 이름으로 불리는 형상대로 살아 움직이는 바위 동물원을 보는 듯하다. 바위가 땅에서 솟아 있지 않고 하늘에서 내려왔다는 형태와 느낌을 준다. 산이 스스로 바위만 두고 흙 한줌 남김없이 모두 버리고 비운 후에 다시 생겨난 형상이다. 살을 버린 뼈마저 태고로부터 풍상에 깎이고 닳아서 고고한 수도선사의 기품을 뿜어내고 있다. 숲속에서 천수를 누리고 고사한 아름드리나무들이 흙으로 돌아가는데 나무는 썩는 냄새도 향기롭다는 놀라운 발견을 했다.

백산시에서

백산시 죽성루 쇼핑센터에 갔다. 백두산 하산 후 코스였다. 대나무에서 뽑아 인공위성에도 쓰이는 신소재로 만들었다는 건강기구, 화장품, 주류, 주방기구, 위생용품, 장신구, 섬유, 의류 등을 홍보 기간에만 특별히 반값에 준다고 했다.

백산시 상업지역은 관광계절 5월 중순에서 9월 중순까지 4개월 동안 장사하고 그 이후에는 도시를 비운다고 한다. 우리가 들른 식당 유가촌과 쇼핑센터도 한국으로 철수해야 하는데 우리 일행의 방문 예약 때문에 기다렸다고 한다.

압록강 단교

중국 경관 좋은 압록강 유역에 부자들의 고층 아파트촌이 있다. 관공서를 비롯한 유락시설과 편의시설도 이 지역에 있어

밤이 낮처럼 밝았다.

압록강 너머 어둠이 짙은 북한에서 화물 트럭이 철교를 건너 계속 들어오고 있다. 압록강 철교는 신의주와 중국 단동을 잇는 단선 철교다. 철교 옆에 도보로 압록강을 중간까지만 가 볼 수 있는 단교가 있다. 6·25전쟁 때 파괴된 반만 남은 철교다.

압록강단교 YALU(River Broken)는 단교의 내력을 조각한 구조물을 세워 관광 상품으로 설치하고 입장료가 27元이다. 자동차가 왕래하는 철교 옆에 있는 단교를 걸어 압록강 중간에 서서 어두운 북한을 바라보는 심정은 애달프다.

평양냉면

금강산 주점이라고도 하는 붉은별 식당에서 저녁식사를 했다. 화려한 한복 차림의 여인들이 안내하고 음식을 기다리는 동안 가야금을 뜯고 부채춤을 추며 노래 '반갑습네다'와 아리랑, 도라지 등을 독창과 합창으로 불렀다. 1인 2만원의 식사가 그곳 화폐로 친다면 부실한 편이었고 평양냉면은 만원씩 추가였다. 식사 후 우리 일행은 함께 노래와 춤으로 흥이 났다. 금강산 주점 같은 곳에서 근무하는 사람은 평양예술학교 출신들로 차출된다고 했다. 우리는 도움이 되기 바라며 돈을 추렴해서 전하고 나왔다.

내일은 단동을 떠나 대련에서 아시아 최대 원형광장인 성해광장과 해변의 공원을 보고 4박 5일의 일정을 마칠 예정이다.

명작의 산실을 가다

어찌 필설로 다할 수 있으랴. 4·16 세월호 참사를.

인사(人事)가 이러하니 하늘도 유심(有心)한가 봄여름 내내 비가 내리더니 농작물이 제대로 자라지 못하고 과일도 영글지 않아 단맛을 잃어버렸다.

진도는 많은 행사를 연기하거나 취소했다. 진도문학회도 거듭 연기하다가 회원들의 가족과 예비회원들을 동반하고 문학기행 길에 올랐다. 나는 애들 아버지와 같이 합류했다. 오늘은 오랜만에 아침 안개가 걷히고 하늘이 드러나며 해가 빛났다. 우리는 좋은 날씨를 반기며 아침 식사로 절편을 김에 싸서 먹었다. 새벽, 절편을 김에 싸먹으며 떠나는 버스 여행이 여행답다.

- 토지의 고향

하동군 악양면 평사리 섬진강의 혜택으로 풍요와 풍광이 뛰어난 곳이 박경리(1926 10.28-2008 5.5) 작가 「토지(土地)」의 산실이다.

토지는 구한말에서 일제 강점기를 배경으로 1969년 집필 1994년 완간한 5부 16권의 대하소설이다.

배경이 되는 최참판댁을 찾는 관광객들로 계절을 가리지 않고 평사리 마을 전체가 날마다 축제다. 최참판댁은 마을에서 높직하게 자리 잡고 담 너머로 보이는 옛 마을이 토지의 세트장이다. 낮은 초가지붕 타고 올라간 박 덩굴에 두어 덩이 박이 열고 집집마다 방의 수만큼 굴뚝이 있어서 내려다보면 유난히 굴뚝만 보이는 서민 마을이다. 땔감이 부실했던 시절 방고래가 자주 막혀서 '뚫어'라는 직업이 있었다. 이제나 그제나 곤고한 서민의 모습이다.

> 사고하는 것은 능동성의 근원이며 창조의 원천이다.
>
> \- 박경리 선생 말씀 중에서 -

박경리문학관에 들어서면 이 글과 함께 선생의 수수한 모습의 대형 초상이 맞이한다. 우리들은 그 앞에서 발걸음 멈추었다.

최참판댁 누마루에 올랐다. 여기 서서 멀리 악양벌을 바라보면서 서희는 삶의 고비고비를 넘기며 꿈과 사랑을 놓지 않았으리라.

사랑채 체험실에서는 양반이 의관(衣冠)을 정제하고 소설 「토지」와 최참판댁에 대한 해설 중이었다. 종2품 이상 신분을 나타내는 삼층관을 쓰고 해설에 열중하는 양반은 하동군에서 임명한 명예참판이라고 한다. 실화 같은 토지의 배경이 되는 최참판댁은 박경리 작가가 재구성한 창작이다.

위대한 작가와 작품이 이루어내는 힘이 사람을 많이 평화롭게 하고 좋은 세상을 만든다. 소설 「토지」가 하동군의 지역 문화와 경제를 부흥시킬 뿐 아니라 영어, 불어, 일어로 번역되어 세계문학으로 부상하면서 대한민국의 위상을 높이고 있다.

진도문학 곽화준 회장이 문학기행 참가회원 22명 대표로 박경리문학관 방문 소감을 쓰고 최참판댁을 뒤로했다.

비빔밥에 재첩국 점심을 하고 화개장터로 갔다. 경상남도 화개면 탑리에 위치한 화개장은 해방 전만 해도 우리나라 다섯 손가락 안에 드는 5일장이었다. 연전에 왔을 때만 해도 넓은 장터 마당에 독특한 화개 사투리로 흥정하는 소리가 왁자지껄한 노점상이었는데 세월이 장터에 지붕을 덮고 칸칸이 가게를 만들어 여느 시장과 다름이 없다.

'있어야할 것은 다 있고요 없을 건 없답니다.' 조영남 노래 '화개장터' 흥과 익살이 흐르는 가운데 나는 햇밤 한 되를 만원에 사고, 사무국장 부인이 대장간에서 시어머니 선물로 호미를 샀다. 볼만한 시연으로 보여주는 '탁수기 대장간'은 50년간 두드림과 단금질로 대를 이어 왔다고 한다. 오미자와 매실 장아찌도 여럿이 샀다.

- 조정래 태백산맥 문학관

> 소설은 단순히 상상력의 산물일 수만은 없으며 엄연한 역사 사실 앞에서 소설을 쓰는 자도 제멋대로일 수가 없는 것이다.
>
> - 작가의 말 중에서-

소설 「태백산맥」은 1948~1953년 정부 수립 후부터 6·25를 거쳐 지구상 유일한 분단국이 통일을 향해 가는 아픔과 사랑의 진통이다.

나는 어느 분야이든 예술은 아름답고 사람을 이롭게 하며 재미있어야 한다고 생각한다.

소설 「태백산맥」은 한 민족이 어쩌다 적의 모습으로 마주 서서 '우리가 원수인가' 하는 분단의 문제를 제시하고 해결을 모색하고자 하는 전쟁물이다.

'태백산맥' 작품은 시가 많이 인용된다. 전쟁이라는 극한 상황에서 점점이 인용된 조지훈- 승무, 정지용- 향수, 오장화- 병든 서울, 장만영- 농부의 설움 등 다수의 시가 전쟁을 하는 사람들이 더할 수 없이 애달프고 아름다우며 선한 본성임을 일깨운다.

전쟁은 땅 위에 존재한 참혹한 지옥이다.

모든 사물에 사랑이 있지만, 전쟁이라는 엄청난 짓을 할 수 있는 인간에게 사랑을 준 것은 신의 자비다.

사랑은 열린 판도라 상자 속에 남은 하나다.

고향 산모퉁이에 몰래 숨어 사랑하는 아버지의 상여를 향해 엎드린 김범준의 남루한 인민군관복의 어깨가 오열했다.

화로의 재가 식어지면
뷔인 밭에 밤바람 소리 말을 달리고
엷은 졸음에 겨운 늙으신 아버지가
짚 베개를 높이 고이시던 곳
그곳이 참하 꿈엔들 잊힐 리야

- 정지용 「향수」

조정래 태백산맥 문학관의 전시실은 작가 조정래의 거장(巨匠)됨을 아낌없이 나타낸다. 건축가 김원씨가 소설 「태백산맥」이 내포한 모든 것을 문학 미술 건축으로 조화시켜 시각화한 건축예술이라고 한다.

16,500매 육필 원고가 「태백산맥」의 산고를 말한다.

전시관에 뼘으로 잴 만한 작은 석가모니 고행상이 108염주와 단주를 양 옆에 놓고 「태백산맥」을 집필한 만년필이 있다. 사람이 말라 뼈와 핏줄만 드러난 고행상은 석가모니가 해탈을 얻기까지 어떠했는가 보여주는 충격과 깨달음이었다고 한다. 조정래 작가는 지인이 보내준 석가모니 고행상 앞에서 "몸이 저렇게 될 때까지 최선을 다하면 이루지 못할 것이 없다."는 각오로 염주를 감고 만년필을 쥐고 외롭게 '태백산맥'의 고된 길을 갔다고 했다.

위대한 작가와 작품이 노력이라는 산실에서 탄생했다는 사실이 작가를 꿈꾸는 문학도들에게 교편(敎鞭)이 될 것이다.

하루는 짧지만 또 무엇이라도 할 수 있는 긴 하루이기도 하였다.

사랑하는 친구야

마음은 하루에도 몇 번이나 태평양을 오갔지만 붓을 든 지는 오래간만이요. 댁내 제절이 평안하시고 진심이 동생네도 잘 있겠지요. 어린 아이들 손목잡고 캐나다로 이민 간다고 인사 왔던 때도 잊힐만한 세월이 흘렀으니 아이들은 어른으로 성장했겠지요.

나는 좋은 일, 그른 일 부대껴가면서 잘 지내고 있어. 건강도 병원에서 대장 검사를 하겠대서 예약했어. 떨어뜨리지 않고 보내주는 센트룸과 비타민D 잘 먹고 있어서 날로 젊어지고 있소.

국제전화 요금 든다고 번번이 친구가 통화하는 것도 고맙소. 전화 소리 안방에서 나는 것 같이 높고 팽팽한 그 목소리 노래 같아서 좋고 골프 대회에서 동네 대표 선수로 수상까지 했다니 축하하오.

도시의 계절은 여인의 옷차림에서 본다는데 산 아래 살고 보니 눈을 감았다 뜨면 아까의 산이 아니어서 다시 눈 감았다 뜨는 사이 산의 빛깔이 바뀌어서 이렇게 가을이 오는 걸음이 보이오.

금년에 우리 부부는 나라의 서쪽 최남단 진도에 와서 폐교를 미술관으로 세우고 살고 있소. 3·1운동도 보고 광복의 기쁨과 6·25의 참담함도 겪었을 백년된 어르신 소나무가 운동장을 빙 둘러 청청한 풍광이요. 2층은 미술관과 세미나실, 학예사 연구실, 도서실 등이고 1층과 유치원동은 펜션으로 운영하고 교직원 사택이었던 주택에서 우리 가족이 지내고 있소. 어디나 정들면 고향이라지만 여우도 고향 쪽으로 머리를 둔다는 말이 맴돌곤 하오.

친구의 송도 땅은 오래간만에 해결이 되는구려. 지금 세제 개편 때문에 전국적으로 토지 매매가 중단 상태인데 인천시에 수용되는 것이 다행이요. 토지 수용 서류를 보내니 궁금한 것은 적어 놓은 시청 개발과로 전화 문의하면 될 것 같아.

한국에 나오면 진도에서 만나 봅시다. 나한테 연락은 부천에 없으면 진도로 하기 바라오.

정년퇴직을 하고 늦은 나이에 평생 살던 터를 떠나 새로이 시작하는 우리를 위해서 기도 부탁드리오.

반갑게 만날 날을 기약합시다.

산국차(山菊茶)의 계절

시월 달력을 뗀다.

숫자가 단순성을 넘어 서른 날로 11월은 시작되었다. 11월은 산국의 계절이다. 나는 미술관의 뒷동산 가흥산에 올랐다.

우리 당신이 한울과 솔과 나리를 데리고 동행했다.

산중턱에서 한울이 줄을 풀어 주자 진돗개 셋이 나는 듯이 산을 누빈다. 잠자던 부엉이 우우 울어 불평하며 쫓기고, 까드득 장끼 풍기는 소리 숲을 흔들고, 후루룩 나뭇잎을 떨어트리며 솔개가 날아 산이 부산스러워진다.

발 들여놓기 섬뜩하도록 무서운 기세로 산을 휘감던 칡덩굴이 후줄근하게 풀이 죽었고, 빛나던 억새 군락도 아버지 백발처럼 윤기가 가시며 작은 씨앗을 품은 솜털이 되어 떠다닌다.

단풍이 봄보다 고운 계절에 침엽수와 갈참나무 숲인 이 계곡은 덤덤하게 가을을 보내고 있다. 산을 오르는 사람들에게 대접삼아 길섶에 들국화 조촐하게 피어 미소 짓고, 잎 진 줄기에 가시처럼 돋친 도깨비바늘 막무가내로 옷자락을 부여잡는다.

가을철 들에서 피는 국화과의 꽃을 통칭 들국화라 불렀다. 요즘 부쩍 세간의 관심을 끄는 야생 들국화는 저마다 독특한 이름이 있다. 쑥부쟁이, 벌개미취, 개미취, 서글서글한 흰 꽃을 피우는 구절초는 약이 된다는 입소문을 타고 밭으로 옮겨 돈이 되어 산야에서 보기 드문 꽃이 되었다.

산국(山菊), 감국(甘菊), 야국(野菊), 들국은 같은 국화과의 여러 살이 풀로 10~11월의 꽃이다. 정신이 반짝 들도록 샛노란 손톱만큼 작은 꽃이 촘촘히 피어 저무는 가을 들녘을 화사하게 깨운다. 주로 뿌리와 씨로 번식하지만 꺾꽂이도 된다. 오염된 야생에서 개체 수가 줄어 보호 관심이 필요한 꽃이다.

바닷바람이 불어와 티끌을 씻어내고 농약의 오염이 닿지 않는 청정한 산기슭에서 산국을 따기 시작했다. 차가 되려면 만개한 꽃은 피하고 반쯤 피는 시기를 택한다. 잎이 좀 섞여도 좋겠지 하는 남편의 말을 따랐다가 써서 실패한 경험이 있어서 한 송이씩 깨끗하게 모았다.

차에 관한 기록도 보고 인터넷도 찾고 산꽃선생 조언도 들으면서 산국차를 만들기 시작했다.

산꽃선생은 꽃이 좋아서 시골에 와 꽃을 가꾸며 야생화 차를 만드는 아호도 산꽃인 문인화가다.

생으로 말린 차가 향이 더 좋다고 하지만 아무래도 야생이라서 열처리를 하기로 했다. 정하게 씻어서 소금을 조금 넣고 끓는 물에 살짝 숨만 죽여 데쳐내고 찬물에 헹구어 독소를 제했다. 건조 과정의 정성에서 좋은 차가 된다. 향의 손실이 아까워서 자리에 널지 않고 채반에 펴서 바람이 통하는 그늘을 따라다니며 대엿새 말리면 손과 머리와 입은 옷과 집안이 온통 국향으로 가득차면서 낟알처럼 탱글탱글한 산국차가 탄생한다.

시골 살면서 밥상에서 먹는 제철 푸성귀 열매 뿌리 꽃이 모두 약이다.

산국차도 그 효능으로 본초강목과 동의보감에 풍열을 다스리고 근골을 강화하고 간과 골수를 보한다는 기록이 있다. 각종 바이러스 억제, 중추 신경계 진정작용 등 수많은 효능이 열거된 가운데 뇌신경을 튼튼히 하여 머리가 맑고 기억력이 좋아지며 눈을 보호하여 늦도록 작업하고 공부하는데 도움이 된다는 점이 마음에 든다. 또한 고령으로 생기는 질환으로 병원에서도 치료와 호전 방법이 뚜렷치 않다는 이명 현상을 산국차를 꾸준히 2개월 정도 복용하면 극복의 효능이 있다는 기록도 있다.

어느덧 서울은 영하의 날씨로 눈이 내리고 있는데 국토의 최서남단 보배섬 진도는 봄동, 대파, 상추, 마늘, 시금치 등 밭이 푸르다. 하지만 계절의 입김은 어김이 없어 실내가 바깥보다 으스스하여 나무 난로에 몇 토막 불을 지피고 우리 부부는 산국차 잔을 들고 마주 앉았다. 찻잔에서 국향이 피어나고 나무 타는 냄새와 차향이 어우러져 편안함이 자리 잡는다.

행복은 나누고 싶은 마음을 불러내는 것 같다. 남편은 우리가 시골 내려와 이태가 저무는데 지인들에게 잘 지내노라는 편지를 산국차로 하자고 했다.

우리는 산국차를 받을 주소를 적었다. 서울과 시골에 사는 형제들과 누이동생 그리고 지인 친구를 꼽았다.

백화점에는 화려하게 포장 진열된 세계만방의 차가 눈과 맛을 혹하지만 내가 정성들여 만들었다는 이유만으로 산국차를 명품의 반열에 놓고 좋아해줄 얼굴을 떠올렸다.

차통에 라벨을 붙이고 이름을 쓰면서 캐나다에 살고 있는 여우 몫의 차통을 쓰다듬는다. 여우는 같은 초등학교와 중·고등학교를 다닌 50년지기다. 양 갈래 머리를 묶고 시를 외던 동덕여고 시절 너여(汝)자와 벗우(友)자를 써서 내가 지어 부른 친구의 애칭이다.

사랑하는 여우(汝友), 늙지 않고 잘 있는 거지.

연전에 귀국했다가 캐나다에 사는 저를 보러 오라고 우리 부부 여비로 300만원을 주고 갔다. 차일피일 하자 더 보내겠다고 해서 아니라고 봄이 오면 꼭 너 보러 가겠다고 약속했다.

그곳은 엄청 추운 겨울일 텐데 여우는 내가 보내는 산국차를 마시면서 이역만리 고향을 그리리라.

청산도

해남경찰서 앞에서 나는 남편과 같이 진도문협 회원 두 사람과 2호차에 합석하고 남창으로 출발했다. 창밖에서 시간이 순간으로 부서지며 물러가는 풍경이 봄을 알린다. 비에 씻긴 논배미가 골짜기로 오르고 도랑물이 하얗게 반짝인다. 시골에 살아서 일상적이고 심상했던 산천초목의 모습이 봄나들이 나서니 새로워 보인다.

남창 오일 장터에서 스물일곱 번째 회원이 합류하고 전남문협 제3회 문학기행 2016년 5월 4일부터 5월 5일의 일정이 시작되었다. 어제까지만 해도 기상대 발표에 의하면 태풍보다 더 센 바람이 전국을 흔들어 비행기가 100여 편 결항하고 제주도 공항에서 항공기 결항으로 며칠째 묶고 있는 관광객의 난민 같은 모습이 수시로 방영되었다.

당일 아침 5시 경에 청산도 선박 운항 여부가 결정된다는 완도항의 발표가 있다는 전남문학 총무의 전언과 함께 청산도 운항 결항시는 완도 일대를 기행할 예정이라는 메시지가 왔다.

우여곡절 끝에 완도 연안 여객선터미널에서 청산도행 선박에 승선했다

1박 2일의 문학기행은 1일 청산도 탐방과 2일 심포지엄과 시낭송대회로 이루어진다.

바람이 심하니 선실에 있어 달라는 선내 방송이 울렸다. 50분 동안 항해하는 선실의 창을 통해 보는 바다는 각색 부표로 가득찬 해산물 양식 바다 밭이었다.

바다. 꿈과 설렘이 함께하는 이름. '아 멀리 떠나와 이름 없는 항구에서 배를 타노라.'(박목월) 청산도항에서 순환버스(어른 5000원, 어린이 3000원)와 투어버스(7000, 5000)가 주중 10회 주말 12회 이상 운행한다. 우리는 순환버스를 이용했다. 여교사였다고 소개하는 문화 해설사의 청산도에 대한 해박한 지식과 애정 어린 안내가 즐거움을 더했다.

현대를 '빠름의 시대'로 정의할 것 같다. 전후좌우를 생략하고 '결과' 중시의 시대에 1999년 이탈리아에서 슬로시티 운동이 출범했다. 세계 150개 이상의 도시가 동참하고 우리나라는 2007년 아시아에서 처음으로 전남의 청산도를 위시한 4개 지역이 슬로시티로 인증 받았고, 이후 현재 20여 슬로시티가 있다

슬로시티운동은 '느리게 살기(slow movement)'로부터 시작되었

다. 도시와 농촌, 빠름과 느림의 조화로 품위 있는 행복한 인생을 위한 발걸음이다.

우리는 식당 '보적산장'에서 점을 찍었다. 메뉴가 전복탕이라기에 말 그대로 탕국을 연상했더니 쌀가루에 전복을 다져서 섞어 쪄낸 버무리떡이었다. 섬에서 나서 쌀 한 말을 먹어보지 못하고 시집을 갔던 시절. 귀하고 귀한 쌀을 섞은 음식을 지금도 귀한 손님에게 이 전복탕을 대접한다고 한다.

슬로시티의 요건은 인구 5만 명 이하의 지역, 전통적 수공업과 요리법 보존, 고유문화 유산 수호, 자연 친화적 농법 사용 등이다. 청산도는 2,600여 명 인구에 전통적 생활문화가 유산으로 보존된다. 지금 50대에서 70대의 해녀 20여 명이 물질을 해서 자연산 해산물을 채취한다.

'돌담 마을'로 들어섰다. 크고 작은 돌로 쫌쫌이 엮어 짜듯이 쌓은 돌담이 지붕에 닿아 있었다. 건물 밖을 두른 담장인지 집의 벽인지 구별이 가지 않았다. 섬의 거센 바람에서 집을 지탱하고 담안의 공간은 건조실이나 창고로 유용하게 쓴다고 했다. 무심한 눈망울의 누렁 소와 병아리를 거느린 닭들이 한 울에서 함께 살고 있었다. 동네를 돌다보니 길가에 옛날 공동 우물이 있었다. 물이 맑아 먹음직 한데 식수가 아니라는 큼직한 알림판이 서 있다.

'해 뜨는 마을' 해맞이길 진산리로 갔다. 바닷가 몽돌이 깔린 해변가에 있는 마을회관에 태극기가 날린다. 마을의 역사를 기록한 연혁 비에는 선조 때 이주해온 나주 임씨가 대봉산의 정기를 받았다하여 붙여진 마을 이름이라 했다. 우리는 바닷가 몽돌밭에서 전남문학 단체사진을 찍었다

구들장 논을 보면서 산자락에 매달리듯 층층이 일군 다랑이 논 골짝을 넘었다. 다랑이 논은 엉덩짝만한 땅도 아끼면서 30도 경사의 산을 깎아 만든 논이라고 한다. 구들장 논은 논바닥에 구들장 돌을 깔아 물이 샐 틈을 막고 물을 가두어 아끼면서 산 중턱까지 개간하여 농사를 짓는 천수답이다. 농부의 쌀에 대한 치열한 전투였다. 구들장논은 우리나라 농업유산1호이며 세계농업유산으로 등재되었다

'서편제 길'에 올랐다. 영화 '서편제' 촬영지다. 도랑고라고 불리던 트렁크를 광목필로 묶어서 지고 중절모를 들고 무명 두루마기자락 날리는 스승이며 아버지인 유봉과 북장고를 안고지고 두드리는 동호의 북소리, 흰 적삼에 검은 몽당치마가 껑충한 송화, 이 가족은 이곳 황톳길에서 진도 아리랑을 하늘과 땅에 고하듯이 목이 쉬라 불렀다. 춤도 추면서.

우리나라 영화사상 처음 100만 관객을 맞고 대종상 6개 부문과 상하이 영화제 수상작 서편제를 관람하면서 나는 슬프고 답답해서 숨쉬기가 아팠었다.

서편제 언덕 맞은편에 수십 기의 깃발을 날리며 긴 성벽이

만리장성 보란 듯이 위풍당당 산을 두르고, 서편제 황토길 끝에 '봄의 왈츠' 세트장이 있다. '사랑하는 우리 님과 한 백년 살고 싶어' 남진의 그림 같은 집이 거기 있다.

청산도는 산천초목도 계절을 천천히 타서 단풍이 겨울에 장관을 이룬다고 한다. 완도항에 도착해서 완도타워에 올라 다도해를 조망하고 '청솔원' 펜션에서 숙박했다.

완도는 장보고 수산물 축제로 들떠 있었다. 우리 당신은 설악 대청봉 등산에서 다친 발목이 또 말썽을 부렸다. 숙소에서 쉬다가 KBC개막 TV축하 불꽃쇼를 보러 일행과 함께 행사장으로 갔다. 출장 나온 완도 보건의료센터에서 발목을 치료하고 해양박물 전시관에 갔다. 전 세계에 해조류가 8천 종이 분포되어 있는데 우리나라 해안에 5백여 종이 서식하고 그중 식용이 50여 종이라고 한다. 미래의 인류를 책임질 자원을 바다가 소유하고 있다고 한다. 김 한 장이 계란 2개와 영양소가 같고 다시마를 냉수에 우려 차로 마시면 고혈압에 효과가 있다고 한다. 화장품에서부터 건축물과 우주선의 고품질 자재까지 풍부하게 바다에서 구할 것이라 한다. 돌아오는 길에 김과 다시마를 샀다.

밤하늘에 불꽃의 무도회가 찬란했다. 죽기 전에 꼭 가야할 곳이 있고, 읽어야할 책이 있고, 봐야할 것이 있고, 해야 할 일이 있다. 그런데 밤하늘의 불꽃 쇼도 봐야할 것에 들어야할 것 같다. 내 언어의 빈곤으로 표현할 길이 없어 하늘 높이 손을 흔든다.

청해진 본영 탐방 과정은 속이 좋지 않아서 합류하지 못하고 약을 먹고 장보고 기념관에서 시화전을 관람하면서 일행을 기다렸다.

심포지엄은 전남(해양)문학의 뿌리를 찾아서 '어부사시사(윤선도)'를 주제로 완도 문인협회가 주최했다.

해양문학은 바다를 소재로한 문학이다. 우리나라 해양문학은 양적 질적으로 후진의 관심이 필요한 분야라 하겠다. 해양문학 '어부사시사'는 고산 윤선도가 65세 1651년 보길도에서 발표되었다.

우리말과 글이 폄하되던 시기에 고유어와 한글로 3장 6구에 바다의 풍광에 이어 어부의 삶을 담아 표현했다. 발제자 향토사 연구가 정영래 선생의 '어부사시사' 연구 발표에 이어 질의와 토론이 활발했다.

시 낭송대회는 성황을 이루었다. 여행 중인데도 무대 의상을 갖추고 낭송하는 시인들이 아름답다. 장원으로 당선된 고미선 시인이 상품인 전복을 기부해서 귀가 길에 명사십리 해변에서 조개껍데기도 주우며 전복을 회쳐서 먹고 악수하며 다음을 기약했다. 그날 충분히 행복했다.

'아름다움을 생각하면 영혼에 날개가 솟는다.(플라톤)'

첫 수확

이슬에 차일세라 까치걸음으로 운동장 잔디밭을 건너가는데 발의 느낌이 이상해서 내려다보니 샌들 밑창이 터덜거렸다.

바쁜 와중에 우스운 생각이 났다. 장거리 주행 중에 라디오 프로는 지루함을 덜기도 하지만 재미도 있다. 신발에 대한 사연이었다. 외국 여행 중에 촌지까지 주면서 기뻐해준 친지를 떠올리며 선물을 골랐다. 마음에 드는 꽃신이 있었다. 망설이자 반값에 주겠다고 했다. 나중에는 하나 값에 세 켤레를 주겠다고 했다. 일행은 꽃신을 샀다. 비 오는 날은 조심해 신으라 했다. 그때는 무심히 들어 넘기고 돌아와서 친지들에게 꽃신을 선물하고 자신도 신고 모임에 나갔는데 비가 왔다. 이상한 느낌에 내려다보니 꽃신은 발등만 덮고 있었다. 신발바닥이 종이로 되어 있었다. 나는 운전하는 남편 옆에서 시원하도록 웃었다. 신발은 외양만 보고 선택하지 말아야겠다고 끝맺었다. 동의하면서, 한데 어디 신발뿐이랴.

신을 갈아 신고 늦지 않게 성당 주일 운행 버스에 올랐다. 추석이 지난 직후라 성당에서 수집하는 빈병자루가 버스 통로에 가득했다. 빈자리까지 간신히 가서 "앉았습니다." 하고 안전 신호를 보내자 버스가 떠났다.

버스 안은 울긋불긋 화려한 옷의 물색이 아직도 추석 태를 냈다. 고생하는 시골 부모에 대한 외지 자녀들의 효도로 버스 안의 분위기는 평소와 다른 기쁨과 자랑으로 가득했다. 성당 버스에서 끝 부락인 한사리마을 교우는 나 한 사람이다. 버스에 오르자 자매들은 저마다 좋은 말을 한마디씩 건네며 반긴다. 앞자리에 앉아있는 월가반 테레사 반장에게 물었다.

"형제님, 첫 추석 차례는 잘 모셨지요?"

"암만 아기들 다 보내고 나니 삭신이 안 아픈데 없다."

대답은 그리하면서도 밝은 얼굴이다. 추석 달포 전에 형제님이 영면에 들었다. 명절에 자녀들을 만나서 독거의 외로움이 사라져 좋았던 어리광 섞인 엄살이다. 어매에게는 중년이 넘어 자식까지 둔 아들딸도 '아가'다.

앞좌석에서 정자리 자매가 뒤돌아보면서 "선생님 버섯 주셔서 추석에 잘 먹었습니다." 하고 뒷좌석까지 들리도록 큰소리로 인사했다.

귀촌해서 10여 년의 가을이 익어간다. 그동안 나를 부르는 호칭이 몇 번인가 뒤척였다. 할매였다가, 쩌그였다가, 서울어매였다가, 학교아짐이었다가, 그림기술자였다가 사모님으로, 또 한글선생으로 불리다가 글짓기선생이었다가, 다시 화가선생님으로, 진화하듯이 더 변할 이름이 있을까, 지금은 앞에 아무것도 붙지 않은 그냥 선생으로 불린다. 내 시골 생활이 정착해가는 과정의 모습이다.

잘 먹어서 고맙다는 인사에 버스 안은 '버섯?' '누구?' '언제?' '왜?' 작은 웅성거림과 함께 나에게 시선이 몰려 왔다. 나는 언제 자매에게 버섯을 주었을까, 기억을 더듬는 동안 서서히 좋은 기운이 가슴 깊은 곳에서 솟으며 훈훈해진다. 모래 한 알이 강물에 떨어지며 번지는 파문 같은 고요한 떨림은 '고맙다'는 한마디 말 때문일 게다.

아주 평범한 사실이 문득 진리로 다가오는 순간이 있다. 시간은 아무것도 하지 않고 있어도 가고 무엇인가 하고 있어도 똑같이 가는 것을 깨닫는 순간 놀랐다. 시골 폐교에 들어 십여 년, 성공한 귀촌 사례로 방송도 타고, 사람들이 호기심어린 귀를 세우고 귀촌의 동기를 물으면 전원생활에 대한 향수였다고 답하기도 궁색한 채 어영부영 시간을 보내고 있다가 우리 가족은 아들을 대장으로 하여 표고버섯 농사를 시작했다. 남쪽나라 진도에서 냉난방의 부담이 적은 것도 귀촌인들이 일을 시작하는데 용기가 된다. 대장이 농사 시작 하기 앞서 사천리 표고버섯 농장에서 일년간 직접 체험 하고나서 우리 농사를 시작했다. 작년에 사천리 농장이 진도 산에서 벌목한 참나무를 나누어 주어서 종균 대목 1000개를 만들고 금년에는 순천에서 참나무 30톤을 구입했다. 종균목은 길이 130㎝ 지름 25㎝ 정도가 적당 하지만 공산품이 아닌 생물이어서 적당한 참나무 구하기도 쉽지 않다. 서까래 크기의 대목은 깡다리라 부르고 다루기 힘들 정도로 굵은 것은 멧돼지라 하는데 깡다리는 버섯 수확량이 적고 부식이 빠르며 멧돼지는 다루기 어려워서 대목으로 잘 쓰지 않는다.

농사를 처음 시작하는 우리에게 사천리 농장의 도움이 컸다. 버섯종균도 같이 구입해 주고, 아직 장만하지 못한 농기구를 우선 빌려주고, 개인의 저온창고를 쓰도록 양해하여 버섯의 신선도에 유념하도록 하는가 하면 필요한 도구를 구입 하도록 조언하고, 군보조금 신청도 알려주는 등, 농장의 도움으로 표고버섯 재배 농사를 무난히 시작했다.

우리는 비닐하우스를 짓지 못해서 종균 접종 대목 이천 주를 운동장에 쌓고 검은 비닐 차일로 덮어 놓았다. 다행히 금년에 군청보조금 40% 자부담 60%의 비용으로 하우스를 짓게 되었다. 하우스는 100평 규모 3동의 지원금을 배정 받았으나 땅을 살 수 없어서 보조금 반을 반환하고 우리 학교 실습지 밭 300평에 50평 규모 하우스 3동을 지었다.

종균주입 작업은 우리 가족들이 하기로 했다.

대장이 농장에서 빌려온 받침대에 대목을 올려놓고 굴리면서 드릴로 10㎝ 간격으로 새끼손가락 한 마디 정도의 구멍을 내면 아버지와 형과 엄마인 나는 콜크처럼 생긴 종균을 주입하고 엄지손가락으로 중간정도의 힘을 주어 누른다. 깊이 들어가면 버섯이 솟을 때 지장이 있기 때문이다. 온 식구가 협동하여 일하는 경우도 처음인데 점심은 시간이 걸리더라도 맛집을 찾아가는 즐거움도 만만했다. 종균작업은 3월에 시작해서 4월 벌레들이 깨어나기 전에 마치는 것이 정석인데 우리는 순천에서 구입한 참나무 30톤 수송이 늦어져서 종균주입작업도 지연되었다.

4월 2일 설레면서 시작한 종균주입 작업 첫날 67주를 완성했다. 비 오는 날은 27주를 넣기도 하고, 일이 손에 익으면서 작업량이 늘어났다. 이러면서 인천에서 며느리와 손자 손녀가 내려와 아르바이트 하는 날은 100주 이상씩 종균을 넣었다. 5월 초순에 종균대목 1천주가 완성 되었다

여름이 왔다. 하우스를 짓고 땅에 쌓아놓은 종균목을 옮기는 작업이 시작되었다. 불볕더위 속에서 무거운 종균대목을 포터에 싣고 날라다 하우스 안에 설치한 지지대에 세우는 작업이다. 이 일은 우리가 도울 수도 없고 혼자 일하는 우리 대장이 너무 힘들어서 이 사업을 괜히 시작했나 하는 생각도 하며 나는 아들이 일하는데 마다 따라다니며 말을 걸었다. 아들은 다

친다며 가까이 오지 말라고 했다. 안타까웠다.

하우스에 옮긴 대목에서 표고버섯이 열렸다. 수확기가 아닌데 옮기느라고 충격을 받아서 버섯이 난다고 한다. 산로(産勞)란 이런 것인가. 쓰라린 수고의 기억은 사라지고 우리는 버섯이 열리는 것을 처음 보면서 어디다 자랑할까 말할 수 없이 기뻤다. 감사했다. 가족회의를 하고 우리 사업의 첫 수확을 이웃과 나누기로 했다.

누구인가 가슴에서 싹튼 작은 수확의 감격이 한가위, 시월상달의 고사, 고시레, 그리고 나비의 날개에 실려 동서양을 넘어 추수감사절 같은 감사의 축제가 생기고, 페스티벌 문화로 꽃이 되었다.

우리 가족은 둘러 앉아 비닐 백에 500g씩 버섯을 담았다. 큰 아이가 다니는 교회와 성당은 주일 점심 나누기를 생각해서 박스로 보내고 우리 부부가 지식나눔 봉사하는 한글학교 80세가 넘은 학생들과 진도가 좋아서 사는 외지인모임 '조은 동행(초대 회장 박창규, 2대 이만진, 3대 윤창주, 4대 이남수 5대 현 회장 조병계)' 회원들과 우리 학교와 담장을 같이 쓰고 있는 군내면 사무소 직원들, 그리고 평소 고마운 분들께 감사의 표시를 우선하고, 버섯이 나기를 기다려서 우리 마을 한사리 20여 호 이웃에 나누기로 했다.

추석 전전 날이었다. 애들 아버지와 같이 버섯 봉지를 손수

레에 싣고 동네 집집마다 방문해서 선물했다. 일 나가서 빈집도 많고 추석 차례준비 했다며 송편을 내놓아서 먹고 또 싸주어서 받기도 했다. 전 부면장댁은 두 분이 모시 송편을 빚고 있었다. 조금 거들고 음료수를 대접 받았다. 전 이장댁에 들러서 버섯을 주고, 바로 윗집인 노인회장 어머니댁으로 갔다. 분합문을 열고 버섯 봉지를 들여놓았다.

할머니가 마루에 반듯하게 누워 계셨다.

"아주머니 안녕하세요?"

나는 어르신의 호칭을 아주머니라고 부른다.

"아주머니는 할머니지 듣기는 좋구만." 하던 할머니다. 80세 후반에 든 항상 단정하고 푸근하며 언행이 반듯한 동네 어른이다. 이상한 느낌이 들어서 가까이 다가가 보니 손을 들고 입에서 거품이 보글보글했다. 당황해서 쩔쩔매다가 옆집으로 뛰어가 알렸다. 동네는 서로 친척이다.

할머니는 이렇게 가셨다. 팔 남매 자녀들이 나에게 어머니 임종을 해드려서 고맙다고 했다. 모두들 어머니와 자손들이 복이 많아서 고생하지 않고 편히 가셨다고 위로했다. 노래(老來)한 어머니를 모시기 위해 서울서 내려와 어머니와 같이 있는 맏 자제는 한사리 우리 마을의 노인회장이다. 상주로 수인사를 하고나서 나를 보고 어머니가 며칠만이라도 누워 계셨더라면 무엇이라도 해드릴 걸 하면서 오열했다. 아무리 무엇인가를 해드렸던들 부모님 가신 후에 어찌 후회가 없을까.

나는 수십 년 전에 아버지가 먼저 가시고 후에 어머니가 88세로 타계하셨다. 무남독녀인 나는 양친부모님의 은혜와 나의 애달픔이 너무 커서 지금까지 말로도 글로도 건드릴 수조차 없다.

추석이 끼어서 4일 장으로 이루어졌다.

벤츠를 타고 살던 집과 마을을 돌아보고, 이렇게 동네 어른이 또 한 분 가셨다. 사람들은 허허로운 심정으로 말이 없다. 임종을 지키는 인연은 따로 있다며 자손들의 고맙다는 치사와 이웃의 따뜻한 눈길을 받으며 나는 조금 좋은 일을 한 것 같아 마음이 순해진다. 표고버섯 농장으로 향한다.

선 물

먼저 진도의 특성에 대해서 소개하겠습니다. 진도는 우리나라에서 제주도, 거제도 다음으로 세 번째로 큰 섬이며 이곳에는 매연을 뿜는 공장이나 유락시설이 없고 마트에서는 수입 농산물을 팔지 않으며 진도 농부들이 직접 재배한 농산물만 직거래하는 청정지역입니다.

여느 시골과 마찬가지로 어린이를 사랑하는 만큼의 혜택이 충분치 않은 편이지만 읍을 벗어난 면에서는 어린이들이 학교 다녀와서 돌보고, 놀고, 공부하고, 재능을 기를 수 있는 여건이 더욱 열악합니다.

방과 후 교육을 하는 교회에서 나는 주 2회 서예를 지도하고 있습니다.

다섯 살 어린이부터 초등학생까지, 13명과 공부하며 놀며 지내는 이야기를 쓰고자 합니다. 교회가 운영하는 아동 교육센터에서 문방사우를 내가 준비해 가지고 가서 서예 수업을 시작했습니다. 수업이 계속 되면서 고학년은 학교 미술시간의 서예를 생각하며 붓글씨를 쓰는데 어린이들은 손을 잡고 개인 지도를 하는 옆에서 붓으로 칼싸움을 하다가 몸싸움으로 되어 울음이 터지기도 합니다. 서예가 어른들에게는 학창시절 지난날의 그리움도 있지만 어린이들에게는 재미없고, 어렵고, 딱히 쓸모없는 공부에 속합니다. 빛깔이 없고 소리도 없으며 거기에다 몇 시간 며칠을 공부한다고 실력이 늘지도 않는 어려운 공부인데다가 컴퓨터에서 얼마든지 예쁜 글씨를 찾아 쓸 수 있으니 서예 공부의 필요성이 절실하지 않습니다.

앉는 자세며, 문방사우의 명칭과 놓는 위치와 쓰임에도 법이 있고, 팔을 움직임도 제약이 따르는 등, 서예 공부를 하기 위해서는 이러한 생략할 수 없는 절차가 아이들에게는 이해가 어려운 부담이었습니다.

시간이 갈수록 부담스러워서 빠지는 아이들이 생겼습니다.

어느 날 1학년 수진이가 내 옆에서 친구에게 말했습니다.

"나 서예 있는 날은 재미없어서 안 올거야."

"학교도 안 갈 거야?"

"아니 학교는 갈 거야."

나는 이 대화를 들으면서 수준에 따라 개인지도를 하고 열성껏 하는데 화가 나기도 하는 한편 어떻게 하면 아이들이 재미있게 공부할 수 있을까 생각하기 시작했습니다.

간식을 주기도 하고, 센터에서는 결석하지 않는 학생에게는 가산점을 주어 시상하기도 하고, 끝까지 써서 완성한 글은 칠판에 걸어 칭찬하고 교실과 복도에 게시도 했지만 글씨를 쓰는 아이들만 쓰고 같이 즐거워하지는 않았습니다.

서예는 붓으로 쓰는 것을 부담스러워 해서 학생들과 함께 도구를 다양하게 해보자고 하고 주변에서 글씨를 쓸 수 있다고 생각되는 것을 구해 오기로 했습니다. 학생들은 나무젓가락, 연필, 칫솔, 수채화 붓, 나뭇가지, 붓발, 막대사탕, 나무젓가락에 헝겊을 묶어 나름대로 도구를 만들어 왔습니다.

자신이 가지고 온 도구로 글씨를 쓰고 글씨가 써지지 않으면 그림을 그려도 된다고 해서 스스로 체험을 통해서 무엇인가 터득하기를 기다렸습니다. 아이들은 수없이 화선지를 버려가며 재미있어 하고 글씨를 쓰기도 하고 공주를 그리기도 하고, 이름 붙이기 어려운 무엇인가를 만들어냈습니다. 각자 완성품을 가지고와서 검사받으며 칭찬을 듣고 마음에 드는 장소에 붙였습니다. 그러면서 학생들은 글씨는 붓으로 쓰는 것이 좋다고 경험을 통해서 터득하고 서예를 긍정적으로 생각했습니다.

자음과 모음 쓰기에서 시작해서 글자를 익혀서 사자성어를 쓰고 속담을 쓰고, 훌륭한 어른의 명언이며 자신이 좋아하는 것을 쓰는 동안 어느 결에 작품을 만들어냈습니다. 잘 하느니 못 하느니, 화도 내고, 칭찬도 하는 동안 아이들은 무엇인가 해냅니다. 서예가 재미없어서 결석하겠다던 수진이가 내 손 안에 500원 돈을 쥐어 주면서 서예를 가르쳐주어서 사랑한다고 했습니다. 나는 먹는 것은 나누어 먹고 물건도 나누어 쓰지만 돈은 필요한 사람한테 주는 것이라고 다시 수진이 손에 쥐어 준 것이 바른 지도가 되었을까요. 진도 군민의 날 서예 휘호 대회에 우리 학습 센터 박준혁 학생이 다니는 초등학교 대표로 참가하는데 센터 학생들은 준혁이에게 기를 넣어준다며 둘러서서 파이팅을 외쳤습니다. 준혁이는 최우수상을 수상했습니다.

참으로 아이들에게는 불가능이 없습니다.

교직에서 퇴직하고 십수 년이 지나 코리아 핸즈 사회봉사를 하면서 2막의 삶에 들어섰습니다. 교사로 30여 년 재직하면서 교단에 서서 젊은 날에 최선을 다하였습니다. 학생들과 더불어 꿈꾸고, 희망이 있고, 보람이 있으며 행복했습니다. 돌아보면 이 모두가 받는 삶이었습니다. 봉급을 받고, 존경을 받고, 사랑 받으면서도 그것이 노력의 대가인 줄 알았습니다.

봉사의 분야는 많습니다. 자신이 가장 잘하는 것을 드리는 것입니다. 나는 지식과 재능을 나누는 봉사를 합니다. 어려운 시절을 살아내느라 배움을 놓친 어르신들에게 한글을 가르치고 학습센터에서 학생들에게 서예를 가르칩니다.

2막의 인생에서 재직시와 같은 가르치는 일을 하지만 많은 것을 받으면서도 항상 부족했는데 지금 나는 봉사를 하면서 감사하는 삶을 찾았습니다. 이렇게 봉사는 부족하고 목말랐던 모든 것을 채우는 감사하는 삶을 선물로 주었습니다.

3.

인사동 풍경

빛으로 소금으로
너희는 세상의 소금이다 세상의 빛이다
너희의 빛을 사람들 앞에 비추어 그들이
너희의 착한 행실을 보고 하늘에 계신 아버지를
찬양하게 하여라 마태오의 복음서 오장
이천십이년 솔마루 조병록 씀

생명의 바구니에

당신은 생명의 바구니에 무엇을 담아 가지고 가겠습니까.
- 타고르 「기탄잘리」

사람의 몸을 이루는 세포 수는 약 60조~70조개, 원자의 수는 7000조×1조개 가량이다.

나는 우연히 온 존재가 아니며 빈손으로 온 존재도 아니다. 나는 생명의 바구니에 담은 마음을 가지고 왔다.

가지고 온 마음으로 사랑하고 미워도 하면서 살아가고 있다. 그러나 삶은 아름답다.

TV에서 호소하는 희귀질환을 앓는 가난한 아이와 엄마를 위해서 유료전화를 하며 안타까워하는 보통사람이 많다.

내가 사랑하는 대통령이 탄핵되고 수감되는 참담함에 나의 사랑도 참담하다.

사람들은 무엇이나 할 수 있어서 황금과 왕관을 좋아한다.

누를까 말까, 누른 유료전화.

대통령은 병들어 아픈 아이와 가난해서 아픈 엄마와 유료전화뿐인 것을 미안해하는 사람들을 행복하게 할 수 있었다.

무료 희귀병 치료 병원도 세울 수 있었다. 감사의 이름으로 아름다운 일을 할 수 있었다. 보통사람들이 마음뿐으로 어쩔 수 없어 슬픈 것들을….

> 부자가 천국에 들어가는 것은 낙타가 바늘귀에 들어가는 것보다 힘들다. -「마태복음」 19장

부자들이 모두 낙타는 아니라고 믿는다.

친구 서예가 석란 윤정수 시모(媤母)님 빈소에 갔다.

며느리 둘을 본 친구는 시어머니 노릇은 고사하고 시어머니 시집살이를 했다. 사업을 하셨고 체구가 큰 친구의 시어머니는 내가 알기만도 수년간 몸을 쓰지 못 하면서도 호령이 대단하셨다. 친구는 자부들이 부담스럽지 않게 분가 시키고 혼자서 수발을 들었다. 시어머니는 돌아가시기 얼마 전부터 잡숫지 못하셔서 안고 음식을 떠 넣어드리는 며느리를 쳐다보며 '엄마, 엄마' 하셨다. 치매란 병은 주변을 온통 힘들게 하면서 정작 본인

은 세상사 모두 놓아 버리고 가장 편안한 아기로 돌아간다.

친구의 친정 고모 수녀님 두 분이 연도기도 중이다. 본당 신부님의 조카 며느님 되시는 초로(初老)의 고운 부인을 소개 받았다. 그는 친구의 손을 꾹 눌러 잡고 모시느라 수고했다며 눈물이 돌았다. 친구는 "어머니께서 사시느라 애쓰셨지요." 하며 부끄럽다고 했다

엉엉 우는 친구의 모습이 크고 당당해 보였다. 시누이 다섯에 외며느리인 친구다. 올케 고맙다며 시누들이 얼싸안았다.

버려지는 노인의 기사가 보도 되어도 아무도 놀라지 않는 현대에 며느리를 엄마라 부르며 타계하신 고인은 참으로 복 받으신 분이다.

친구는 이다음에 먼 여행을 떠날 때 생명의 바구니에 사랑을 담아 가지고 갈 것이다.

어머니에게로

확성기를 타고 이장의 목소리가 들렸다.

동네가 양팔 벌린 산의 품안에 안겨 있어서인지 확성기소리가 부딪치며 메아리쳐서 여러 가족이 들은 것을 종합해야 내용을 알 수 있었다. 또 확성기 울리는 시간대에 따라 해석하기도 한다.

어느 댁 어른 생신이나 제사음식을 대접하려고 청하는 확성기 소리는 해 뜨기 전 새벽에 울리고 군청이나, 농협은행, 농업기술센터, 면사무소 등 관공서 소식이나 농자금 신청, 비료, 소금 구입 신청과 마을회가 있다는 소식은 사람들이 일을 마친 해 떨어진 후에 울린다.

오늘은 스쿨버스에 타고 등교하는 손자 손녀를 전송하고 들어오는데 확성기가 울렸다. 마을회관으로 가다가 염소집 아주머니를 만났다. 무슨 일이냐고 물으니 고모가 돌아가셨다고 한다. 골목 어귀에 서 있는 서울 아주머니에게 물었더니 큰어머니가 돌아가셨다고 한다.

귀촌해서 다섯 해가 되었어도 동네가 모두 친척인 촌수를 헤아릴 수 없어서 누구인지 감이 오지 않는데 사람들이 모여 있어 가보니 면사무소 건너편 감나무집 할머니가 돌아가셨다.

할머니댁과 나란히 있는 하나로마트에 들렀다 가는데 나를 보고 들어오라더니 단감 네댓 개 따주며 집에 가지고 가서 식구들하고 먹으라고 한 게 불과 며칠 전이라 놀랐는데 교통사고라 한다.

30여 호 마을에 도시 사는 자녀들을 제하고 삼십여 명 안팎이 사는 동네에 금년 들어 네 번째 초상이다.

장례차 벤츠가 들어 왔다.

이 고장 사람들과는 구별되게 훤한 신수의 청장년 예닐곱 사람이 건을 쓰고 상복을 갖추고 노제를 지내고 있었다. 아들과 사위였다.

가족제를 마치고나서 어머니와 친분이 많으신 동네 어르신을 모셔서 인사드리는 상주 초청에 동네사람들은 서로 마주보다가 전임 이장과 현 이장이 마을 대표로 절하고 나서 그간 적조했다고 악수했다.

고인은 이 동네로 시집와서 평생 농사짓고 살면서 자손들은 외지로 분가하고 굽은 허리로 막내아들을 데리고 살았다. 귀가 어두워서 노인회관에 놀러 나가도 새댁 때부터 같이 늙어왔지만 소통이 되지 않으니 답답하고 재미가 적었다.

동네 사람들은 마을 행사가 있을 때는 언제나 그랬다. 오늘도 농사일을 미루고, 장사를 접고, 직장을 월차내고, 하던 일을 놓고 장례마당에 모였으나 둘레둘레 서 있을 뿐이다.

달포 전에도 초상이 있었다.

팔순의 시어머니 앞에서 며느리가 눈 감았다.

아들 내외가 도시에서 아이들 공부시키다가 며느리가 병들어 고등학생 손자를 데리고 고향에 돌아와 팔순이 넘은 어머니에게 의지했다. 며느리는 병자티를 내지 않고 평온한 낯빛으로 텃밭을 가꾸고 전학시킨 아들 등교를 도왔다.

가을이 깊어지면서 지는 꽃을 안타까워하고 우리 미술관 꽃밭에 와서 채송화 꽃씨를 받던 고운 모습이 여전히 생생한데 아무도 그녀의 가는 길을 막을 수는 없었다.

마을 사람들은 이장의 확성기소리에 따라 동네 농협창고 앞마당에 모였다.

연도회가 주관하고 청년회와 노인회가 합심해서 호화로운 꽃상여를 꾸몄다. 동네는 65세 이상이면 노인회원이고 이하면 청년회원이다. 시골 마을의 현실이 노인과 청년의 구별점이 얼핏 보기에 참 별다르다. 청년회원들도 집에서는 손자를 둔 할아버지가 대부분이다.

조문객이 많았다.

일가친척과 먼 데서 온 지인하고 동네 사람들도 빠짐없이 작별 인사를 하고 고인이 출석하던 근동 교회 목사와 신도들이 와서 기도하며 검은 예복 차림으로 운구를 도왔다.

나도 성호를 그었다.

불쌍히 여기소서. 자비를 베푸소서.

부녀회장이 상주가 돌리는 수건을 어깨에 걸쳐 주었다.

작별의 눈물을 훔치며 음식을 나눈다. 다시 잘 태어나라는 굿이라 한다. 여기서는 문화 축제나 학교 운동회, 군민 체육대회, 문화회관에 영화가 들어와도 모두 굿 보러 간다고 한다. 장례의식 또한 굿이다.

고인을 기리는 구구절절한 사연을 엮은 만가 가락이 높아진다. 동네 사람 전원이 상두계원이다. 명정을 날리며 혼백 상여가 앞장서고 오색 종이꽃으로 꾸민 큰상여가 일어섰다. 상두계원들이 상여를 메는데 상두꾼이 부족해서 부녀회 여자들까지 상두꾼이 되어 상여를 멘다.

상여는 고인이 살던 집 안팎을 돌아보고 동네를 두루 돌면서 떠나기 아쉬워 주춤거리는 발걸음에 보내는 사람들의 마음을 실어 무겁다. 상여의 호사스러운 꽃이 후루룩 떨린다. 가는 사람의 길이 금의환향처럼 외롭지 않았다.

그런데 지금 감나무집 할머니 가시는 길에 사람들은 말없이 묵묵하다. 장례식장 영구차 벤츠 앞에 병풍을 두르고 자녀들이 예식을 치르고 동네 사람들에게 음식을 권했다.

자손들이 근검하게 읍을 하고 늘어섰는데 상복 차림 손녀가 사진 찍느라고 분주하다. 영구차가 떠나고 귀가 어두워 당신 기준으로 평범한 대화도 고함을 치던 할머니 모습이 겹쳐 쓸쓸하다. 살아생전 어떻게 살아야 잘사는 것일까.

사람들은 누구나 천국에는 자기 나름대로 그것이 있다고 믿는 것이 있다.

나도 천국에는 그것이 있다고 믿는 것이 있다.

아니라면 아니고 그렇다면 그런 것, 머리 굴리지 않아도 그냥 끄덕이고 믿는 것, 그런 믿음이 있다고 믿는다.

충무공벽파진전첩비

땀으로 짭짤하게 푹푹 찌던 여름을 벗고 카랑카랑 마른 햇살이 오곡백과를 추스른다. 금년 추석은 9월 그믐날부터 징검다리 이틀을 거쳐 9일 동안 축제다. 외국 여행 티켓은 몇 개월 전에 이미 매진되었다고 하는가 하면 장바구니 물가가 천정부지라 돈이 제일 싸다는 유행어가 돌고 있다.

이렇게 주변이 설렁이며 설레면 오히려 고즈넉하니 서성이는 버릇이 있는 나는 남편과 함께 벽파항으로 향했다. 가뭄으로 철 이르게 잎을 떨고 엉성한 가지에 달린 붉은 감이 루미에르 달아 놓은 듯 곤고한 시골 마을을 호화롭게 밝힌다.

진도는 도로가 잘 되어 있다. 시내도로와 해안도로는 물론 포장된 농로가 마을을 돌아 들과 산으로 안내한다.

마을 안팎 깨끗한 도로에 콩단이 즐비하고 추수한 벼를 말리느라 부산하다. 젊은 사람이 드문 시골 마을에서 고무래로 벼를 젓고 있는 청년은 아무래도 명절을 쇠러온 손자인지 흰 얼굴이며 염색한 머리가 도시풍이다.

마을을 벗어나 비탈길을 오른다. 산국이 흐드러지게 만발해 봄처럼 곱다.

시야가 확 트이는 넓은 들에는 추수를 기다리는 벼가 황금 융단 물결치듯 출렁이고 협곡에는 차곡차곡 계단을 이룬 손바닥만한 다랑이 논이 가을걷이를 기다린다. 이 골짜기 고래논에서 알곡을 얼마나 거둘까. 도시 근교는 대로변일수록 놀고 있는 땅이 수월찮은데 한 뼘의 농토를 아끼는 마음을 읽는다.

여느 때 벽파항은 폐항인가 싶도록 쓸쓸한데 명절 끝이라 승용차와 버스까지 즐비하다. 제주도에서 들어오는 배를 기다리는 중이란다.

이것저것 궁금해 하는 나에게 주민은 철선(여객선)이 뜰 때 이 동네는 돈을 삼태기로 긁었다면서 지금은 젊은이들이 다 떠나고 노인들이 농사일을 맡아 힘겹다고 한숨을 깊게 쉰다. 진도대교가 놓이기 전 여객선이 다니던 항구의 번화했던 시절을 그리며 "좋았지라." 하는 말소리를 들으며 바위산을 오른다.

'충무공벽파진전첩비'는 명량해협을 굽어보는 지도군 벽파마을 정남방 산기슭 안석바지에 자리하고 있다. 동양최대 11미터 높이 장엄한 비석이 대마도를 굽어보고 있다. 오늘도 이순신 장군의 충혼이 나라를 지킨다.

충무공전첩비의 주추(柱礎)는 일반적인 경우처럼 다른 곳에서 제작한 석물을 옮겨다 설치한 것이 아니다. 태초부터 있던 거대한 맥반석 한 덩이가 그대로 산등성을 이룬다. 귀부는 이 산 정상이 그대로 바탕돌이 되어 거북선에 비견할만한 거대한 거북이(길이 27㎝ 폭 333㎝ 높이 181㎝)로 조각되었다. 둘레에 바다를 상징하는 물이 고여 전첩비를 등에 지고 네 발로 유유히 헤엄쳐 살아 있는 듯하다. 맷돌짝 같은 머리 양옆에는 손바닥만한 큰 눈망울에서 안광이 번득인다. 수염이 시원스런 이마에 얹혀 나부끼고 입은 깊숙이 다물어 전장에서 고심하는 장군의 풍모를 떠올리며 체구에 비해 빠꼼한 두 콧구멍은 담배 한 대 생각나게 하는 해학적인 모습이기도 하다. 이 거북이의 코를 만지면 나라에 충성하고 부모에게 효도하는 자손을 얻는다는 전설이 있어 코가 반질반질 윤이 난다.

비석의 몸체는 돌중에 가장 단단한 애석(艾石)이 쓰였으며 꿈틀대는 쌍용의 머리가 바다를 주시하는 1만 오천 근의 이수를 머리에 얹고 바다를 향해서 우뚝 섰다. 비문은 제호 9자, 낙관사 85자를 포함해서 888자의 국한(國漢) 혼합체로 쓰였다.

나는 삼가 꿇어 업드려 대강 그때 사적을 적고 이어 노래를 붙이노니 열두 척 남은 배를 건우어 거느리고 벽파진 찾아들어 바다 목을 지키실 제 그 심정 아는 이 없어 눈물 혼자 지우시다.

300척 적의 배들 산같이 깔렸더니 울돌목 센 물결에 거품같이 다 꺼지고 북소리 울리는 속에 저 님 우뚝 서 계시다. 거룩한 님의 은공 어디다 비기오리. 피 흘린 의사 혼백 어느 적에 사라지리. 이 바다 지나는 이들 이마 숙이옵소서.

비문의 마무리 부분이다. 단기 4288년(1955년) 9월 16일 노산 이은상 짓고 소전 손재형 쓰고 진도 군민의 성금으로 세웠다는 낙관사가 말하듯이 진도군의 군수를 역임한 적도 있는 충무공 이순신을 사랑하는 마음이 절절하다.

나는 세 번째 여기 섰지만 처음처럼 가슴이 뛴다.

내가 충무공 이순신 장군을 처음 만난 때는 6·25를 겪고 피난길에서 수복한 직후 초등학교 때였다. 선생님은 전쟁 시기였기 때문에 더욱 우리들에게 임진왜란과 이순신 장군을 열성껏 가르치셨을 것이다.

"죽고자하면 살고 살고자하면 죽는다(必死則生 必生則死)." 우리는 주먹을 불끈 쥐고 이 말의 뜻을 배웠고 "싸움이 한창 급하다. 내가 죽었다는 말을 하지 말아라(戰方急 愼勿言我死)." 죽음에 이르러서도 조국의 안위를 걱정했던 장군을 가슴 속으로 부르며 우리들은 안타까워 울었다.

내가 선생이 되어서 충무공 이순신 장군의 전기, 시, 「난중일기」를 가르칠 때 열과 성을 다했으며 세계 해전사에서 이순신 제

독의 23전 23승의 전술이 가장 많은 분량으로 기록되고 사관학교에서 배우며 연구하고 있다는 사실도 자랑스럽게 역설했다.

충무공벽파진전첩비는 비문의 888자가 모두 같은 모양의 글자가 없이 각각 제 몫의 글자꼴을 갖추고 생동한다. 단아한 궁체의 기품과 정적인 아름다움과는 달리 소전체의 변화무상한 자형과 거침없는 필세가 전통을 깨고 또 전통을 수립하는 자유로운 예술혼에 감동한다. 또한 빗물도 스미지 못한다는 단단한 애석 위에 붓의 호 한 가닥의 흐름까지 놓치지 않은 깊고 유연한 서각을 할 수 있는 명장의 함자를 찾지 못하여 섭섭하다.

"여보 그만 가지."

들려오는 남편의 말에 끄덕여 답하면서 전첩비 앞에서 바다를 향한다.

대장기 높이 들리고 학익진이 발동한다.
진군의 북소리 누리를 덮는다.
고난 앞에서 하나 된 민족혼이여 사랑이여.

우즈베키스탄 전시 후기

우즈벡 한국작가 초대전 6박 8일 일정으로 2011년 7월 20일 아시아나 항공편으로 인천국제 공항에서 이륙했다. 한국 미술협회 차대영 이사장과 30여 회원 일행에 남편과 함께 동행했다. 남편은 초면의 회원들과 인사하고 곧 친숙해졌다.

비행기 창밖에서 도시가 요술처럼 작아져 가다가 사라지고 구름을 헤치고 사막이 나타났다. 사막 모래벌이 바다처럼 물결무늬를 이루고 있었다. 우리나라와 4시간 시차로 비행 중 밤이 사라지고 석양이 연장되어 21시에 타쉬켄트에 도착했다. 날씨는 한여름이라 기온이 42℃인데도 습도가 낮아 건조해서 생각보다 덥지 않았다. 호텔 조식은 유럽식으로 어느 나라 사람 입맛에도 익숙해서 돈을 벌게 되어 있구나 싶다. 전시 체류 중 식사는 호텔식과 전통음식, 한식인데 주로 한국 식당을 이용했다. 고난이 따르지 않는 성공은 없지만 이국에서 자갈밭에 한국이라는 뿌리를 내리기위해 파견된 대표 같아서 설익은 밥이 나오면 끓여 달래서 먹곤 했다.

전시장은 호텔에서 걸어 15분 거리에 돌과 타일로 모자이크한 미술관답게 아름다운 건물이었다.

우즈벡 작가들은 한국 작가를 배려해 정면과 중앙을 비워놓고 걸어서 우리는 공수해온 작품을 어렵지 않게 설치했다.

오픈식은 성대했다. 긴 여로의 간편 복장을 벗고 남자들은 정장으로, 여성은 화려하면서도 품위 있는 전시회 차림으로 등장하자 박수가 터졌다.

예술은 만국 공통어라고 했다. 풍습과 언어가 다른 사람들이 그림이라는 예술로 부족함 없이 소통했다. 백년지기 못지않게 서로 손 잡고 웃고 알아듣지 못하는 줄 알면서도 제나라 말로 떠들면서 즐거운 전시회였다. 이 나라 수도 타쉬켄트에 있는 미술협회 예술인 가운데 고려인화가 백여 명이 모두 전시를 위해 나왔다고 한다.

이 나라는 100여 민족으로 이루어진 다민족국가인데 그 가운데 연해주에 있던 한민족이 이곳으로 강제 이주하여 고려인 집단농장을 이루고 있다.

이 나라는 에베레스트 지류 천산산맥에서 파미르고원에 걸쳐 천연적으로 비가 적은 사막 오아시스 역사를 지닌 나라로 인공 숲을 이루고 있다. 빙산의 만년설이 녹아내린 물을 이끌어 도시 곳곳에 인공 수로를 만들고 나무 한 그루 한 그루마다 스프링쿨러를 장치해서 가꾸고 꽃도 피운다.

사막에도 인공 수로를 열어 사막 특유의 거친 풀을 길러 소와 양과 말과 당나귀를 방목하는 목장이 있었다.

만년설이 녹아내린 물이 있는 주변에 형성된 오아시스 마을에 갔다. 대여섯 채 가옥이 한 집처럼 연결되어 있다. 차를 세우고 들어서자 집집마다 아이들하고 노인들이 나와 반기면서 빵과 엽차를 내놓았다. 수공업 양털 방석과 매트가 있고 실을 땋아서 구슬을 꿰어 만든 띠도 있다. 띠는 1불이고 매트는 거칠게 짜였는데 10불부터 다양했다. 1불이 공식 환율로 1,230숨이며 보통 2,400숨으로 통용되었다. 일행은 짐이 늘어나는 것을 염려하면서도 사야할 것 같아서 이것저것 사고 띠를 한 묶음씩 사서 인디언처럼 머리도 묶고 허리도 겹겹이 묶었다. 뜰에는 금잔화, 백일홍이 피었다. 흔하게 보는 꽃인데 사막에서 보니 놀라웠다. 이 나라는 가스 수출국인데 개발이 사막까지 미치지 못해서 사막 마을은 예전대로 가축의 배설물을 말려서 연료로 쓰고 있었다. 소비에트 연방에서 분리된 지 20년이 되었지만 구소련의 제도가 아직 남아서 거주 이전이 자유롭지 못한 제도를 폐지하는 새로운 법이 논의 중이라고 한다.

우리가 체류하는 타쉬켄트는 오아시스에서 출발한 도시로 2천여 년의 역사가 있는 중앙아시아에서 가장 발달한 도시다.

모든 구조물의 면적이 넓은 편이며 1966년 대지진 이후 고층 건물을 피하고 안전에 중점을 두었다. 문화시설이 발달하고 특히 관광문화에 힘써 젊은이들의 브로드웨이 거리가 관광객을 부른다. 나보이 오페라발레극장은 우리 숙소 호텔의 맞은편에서 조각처럼 빛나고 광장의 대형 분수가 음악에 맞추어 왈츠를 추다가 탱고를 추다가 현란하다. 구소련연방에서 모스크바를 비롯해서 4개뿐인 볼쇼이발레극장에서 우리 일행도 발레를 감상할 수 있는 행운을 좇아 했더니 여름휴가 주일이라고 한다.

물이 귀한 이 나라에 리비하우스라는 큰 호수가 부하라 도시 중심에 자리 잡고 있다. 호수를 둘러싸고 있는 세 건물 중 쿠켈다쉬메드레세는 16세기 건물로 구소련 시절에도 중앙아시아에서 문을 열었던 유일한 이슬람 신학교다. 유학생들이 청운의 꿈을 키우던 강의실이며 숙소였던 2층 이상은 커다란 자물통으로 채워지고 아래층은 관광물품 판매소와 고급 식당과 숙박소로 쓰인다. 우리는 여기서 전통 양고기 요리로 식사하면서 춤과 패션쇼를 관람했다.

칼란미나레트 46미터의 큰 탑 유적이 있다. 청자처럼 푸르고 빛나는 탑은 낙타 젖으로 반죽한 벽돌 색상이라고 한다. 8세기에는 무역상들의 등대로 가이드 포인트였다가 18세기는 사형 집행 장소였다. 징기스칸 발아래 초토화되는 와중에 이 탑 앞에서 바람에 날린 모자를 줍느라 징기스칸이 구부려서 황제가 절을 한 건물이라고 살아남았다 한다.

주변에 인사동 거리를 떠오르게 하는 골동품과 잡화 노점상이 번화하다.

남편과 나는 재미있게 구경하다가 티스푼 두 개를 샀다. 남편은 소품을 즐겨 사는 취미가 있다. 스푼은 주물 제품이며 정교한 자기 조각 바탕에 모스크바라는 로고와 손잡이에는 기마상이, 바닥에는 호숫가에 첨탑이 자기로 덮여있다. 다른 하나는 해자가 설치된 가운데 두 개의 탑을 세운 웅장한 고성이 자기로 조각되어 있다. 우리 부부는 사랑스러운 이 티스푼으로 차를 저어 마시며 사는 이야기를 나눌 것이다.

국립미술관에는 그림에서 가구에 이르기까지 중세의 미술품이 대단했다. 한국관은 한 개의 홀인데 반절 크기의 장전 하남호 님의 글씨가 반가웠다. 일본의 전시 홀은 서너 개를 차지하고 있었다.

재래시장 바자르는 타쉬켄트 시내에 13곳이 있는데 한 바자르에서 한 물건만 판다고 한다. 한국 식자재를 전문으로 하는 꾸일루크 바자르가 있었다. 김치, 고춧가루, 두부, 당면, 채소의 씨앗 등이고 고려인 상인들이었다.

전시 일정이 끝났다. 미술관(Cantral Exhition Hall Academy of Aris)에서는 2층에서 우리 전시가 있고 1층 중앙 제1전시실에서 전문 작가가 아닌 회사원이 그의 가족을 주제로 표현한 조각 전시가 있고 제2전시실에서는 나무, 돌, 주물, 도자기 등으로 조각한 직장 취미 동호인들의 전시가 있다. 이 나라 사람들은 누구나 그림 그리고 조각해서 전시하기를 좋아한다.

폐회식에는 우즈베키스탄 미협 회장과 주재 한국 대사가 참석하고 개회 못지않게 성대했다. 한국 작가 전원에게 감사장과 선물을 주고 석별을 아쉬워했다. 우즈벡 작가들은 전시 도록을 들고 일일이 한국 작가를 찾아 사인을 부탁했다. 적극적인 이들의 미래 모습이었다. 전 시대 인류의 조상이 힘으로 불멸의 영원까지 소망했다며 현대를 사는 우리는 아름다움과 사랑으로 하늘에는 영광 땅에서는 평화를 주는 동행들이다.

인사동 풍경

어렵게 통화만 하고 바쁘게 내려와서 섭섭합니다.

지난 10월 19일부터 1주일간 인사동 인사아트 플라자 갤러리에서 대표작가 개인전(2011 Peace Art Festival Prominent Artists Exhibition) 관계로 서울에 머물러 있었습니다.

인사동은 많은 화랑에서 항시 좋은 전시를 관람할 수 있어서 좋았습니다.

이곳은 서화, 도자기, 조각, 섬유, 의류, 보석, 가구, 장신구, 서책, 골동품, 심지어 먹을거리까지 생동하는 예술로 생명을 얻어 전시됩니다.

차 없는 거리에서는 연극이 공연되고, 마술과 음악 공연장에서는 관객 누구나 무대에 올라 발휘하는 개인기를 볼 수 있는 행운도 있습니다.

1인 시위 마스크맨과 독도 지킴이 서명운동 대열도 이곳의 힘이며, 시위 진압 전경버스가 비켜준 자리에서 노숙자들에게 음식을 나누는 밥차 여남은 대가 줄지어 들어섭니다.

여기서 10여 일 지내다보니 식사문화의 다양함을 경험합니다. 한 끼 식사비로 과하다 싶은 선식(禪食) 식당에 손님이 넘치고, 2천 원 하는 단일메뉴 선지국밥 집에도 자리 나기를 기다리는 손님이 넘칩니다.

서울 종로구 인사동은 1960년대 임대료가 싸서 모여든 미술상들을 주축으로 형성된 거리라고 합니다. 지금 우리나라 관광 대표 거리에서 내가 좋아하는 인사동 풍경의 하나는 골동품 노점상입니다. 노점상에는 별별 난 것이 다 있습니다. 진시왕 때의 비석 탁본이라는 것도 있고, 어느 태후가 엄지손가락에 끼고 애지중지했다는 옥가락지며 부처님 사리를 모셨던 새끼손가락 크기의 주물 탑이라고 들어 보이면서 믿거나 말거나 둘러선 구경꾼들은 입담 좋은 노점상 주인에게 반해서 아낌없이 박수를 보냅니다.

미술품 경매장에서 동서고금의 진품을 구경했습니다. 처음으로 직접 보는 경매 진행 광경도 이채로웠습니다.

번화한 거리는 멋지게 차려입은 외국인들로 붐비고, 각기 제 나라 말에 한국말을 섞어 더듬거리며 떠드는 소란한 풍경까지도 이 도시의 변화하는 아름다움입니다.

문화가 살아 숨 쉬는 이 도시에 오면 영혼이 살찌는 소리가 들립니다.

합창단을 지휘하고 그림을 그리며 은발이 도도한 강선생님, 힘든 투병 생활 파이팅입니다. 전처럼 인사동에서 만나 화구를 사고 친구도 만나 이 거리를 걷고 싶습니다. 이 거리에서 해보고 싶지만 혼자서는 좀 뭣한 것도 강선생과라면 생각합니다. 인사동의 명물인 꽃보다 아름다운 남자들이 굽는 호떡집의 긴 행렬에 외국인 관광객과 함께 줄을 서볼 수도 있지 않을까요. 많이 웃으며 또 속 깊은 이야기도 털어 놓으며 우리들의 시간이 짧았을 것입니다. 언제나 인사동에 오면 풀죽었던 기운이 생기를 찾아 시골까지 가지고 갑니다.

'삶에는 너무나 많은 것이 있고…(헨리제임스 여인의 초상 작중유언)'

참으로 너무나 많은 것이 있어 이 도시가 아름답습니다.

올해도 저물어갑니다. 강원도에 첫눈이 60㎝ 왔다고 합니다. 세월이 주먹 쥐고 달려간다면 궁색한 표현인가요. 귀촌 7년, 한 해가 손에 쥔 모래처럼 주루룩 소리 내며 흐릅니다.

진도는 겨울 내내 푸른 밭입니다. 대파, 봄동, 배추, 상치, 브로컬리 등 벌레가 없는 계절이라 무공해 야채를 냉장고 대신 밭에 두고 먹습니다.

시시각각으로 세태는 빠르고 놀랍게 변화하지만 시골은 여전히 느리고 평화로운 시간이 흐릅니다.

퇴직후 상상하며 그리던 전원생활이라는 이유로 진도에 내려와서 적적한 심사 붙일 데 없어 쩔쩔매고 있을 때 강선생이 두 번이나 찾아 주셨습니다. 폐교를 리모델링하는 중이라 난방이 부실해서 함께 오신 친구와 떨다 가셨고 또 외국에서 다니러온 아드님이 5시간을 운전해서 찾아 주셨습니다. 그 고마움 깊이 간직하고 가끔 꺼내 봅니다.

정들면 고향이라는데 아직도 일상에서 일탈(逸脫)을 꿈꾸면서 탕자를 기다리는 아버지인 시골 그 품에서 순하게 살고 있습니다.

야생국화를 말린 차와 감잎차를 보냅니다. 정결하고 양지바른 산야에서 늦가을에 피는 감국은 씁쓸하고 있는 듯 없는 듯 달착한 맛과 향이 오래된 여자 친구 같아요. 인터넷을 열어 야생차의 효능도 찾아보시면서 재미있고 훈훈한 겨울 되십시오. 함께 보내는 무화과 효소는 기호대로 드시는데 요리 양념으로도 쓰시고 음료수로는 10배의 물을 타서 드시면 적당합니다.

요즘 설산을 그리신다고요. 국향 벗하시어 좋은 작품 낳으십시오. 지금 그대로 아름다운 마음으로 건강하시고 좋은 새해 되십시오.

자이언트

2005. 9. 16. 金. 晴.

꽃양배추 150포기 심다. 겨울 나서 봄까지 꽃처럼 핀다고 해서 30㎝간격을 두고 흙을 파서 물주고 심고, 심고 나서 또 물을 주었다.

추석 쇠러 귀향한 동네 사람들이 미술관 구경을 왔다. 미술관은 아직 공사중 팻말이 선명하지만 폐교 7년 동안 황폐했던 학교가 변화하는 모습만으로도 좋아한다

저녁 때, 우백(又白) 이남수(李南洙) 화백 내외분이 더덕 선물을 가지고 왔다. 우백 선생 내외분은 진도에 와서 만 평의 수려한 공간에 진도스케치를 세웠다. 선생의 화실과 통나무 펜션 다섯 채가 있고 서구식 레스토랑과 직접 설계해서 지은 흙집도 있다. 진돗개와 닭과 염소가 놓아 살고 있었다.

날이 금세 어둑해지고 그 댁도 틈만 있으면 삵이 닭을 잡아

가는데 우리에 넣지 못하고 왔다며 미술관과 숙소와 연못을 둘러보며 서로 낯선 곳에 와서 힘든 얘기를 하는 것으로 앉지도 못하고 갔다. 감자떡과 꽃배추 백 포기를 선물했다. 청바지에 잠바와 운동모자 차림의 부인은 시원한 성품이다. 적적하던 집에 사람이 찾아오니 개란 놈 아쿠와 진공이도 좋아라 껑충거리고 따라다니며 괜히 억세게 싸우기도 한다. 진공이는 아쿠보다 센 놈인데 쫓기다가 연못에 빠져서 우백 선생이 앞발을 잡아 건져주고 싸움을 말렸다.

딸 용미한테서 사과 한 박스 택배 오다.

TV추석 특집 영화 '자이언트'를 보다.

내가 대학교 초년생 시절 영화음악과 함께 선풍을 일으켰던 영화다. 제임스딘의 우수어린 용모와 촉촉한 연기에 설레었다면, 육십 대가 추석날 보는 '자이언트'는 사뭇 현실적이다. 영화는 장중하고 익숙한 배경음악이 목장을 채우며 세월이 흐른다. 평생 이룬 것을 물려 주고자 하나 자식은 자기 길을 간다. 농장이 위주였던 사회의 가치가 변하고 무시하지 못했던 가문의 명성이 평범해진다. 당당한 록허드슨과 아름다운 엘리자베스 테일러가 흰 머리를 이고, 아내의 무릎을 베고 소파에 누운 노인이 되어 검은 피부의 손자가 자신을 닮지 않은 것을 섭섭해 하면서도 제 갈 길로 떠나간 자식들을 대견해한다.

둘이만 남아 현실을 수용하는 일생을 그린 영화를 보면서 인생의 후반기에 있는 사람들의 생애를 말한다는 느낌에 허전하면서도 현실을 소중히 해야겠다는 교훈을 얻음은 명화의 힘이다.

새벽 3시에 잠이 깬 남편이 유치원동으로 간다고 아쿠를 데리고 가더니 아쿠가 혼자 어두운 길을 되돌아와서 내 방문을 긁는다. 절대 신임하고 따르는 아쿠가 나도 좋다.

잔인한 4월

잔인한 4월 꽃천지 속에서 새로운
생명의 행진은 다시 시작 되는데
지금우리는 어디로 가고 있는가
- 장영희 「우리는 어디로 가고 있는가」

2014년 4월 15일 인천 제주행 여객터미널은 배낭을 지고 가방을 끌고 적당히 떠드는 여행객들의 기쁨으로 가득 찼다. 안산 단원고등학교 수학여행 학생들과 인천 용유초교 졸업 동기들의 환갑 기념 부부여행, 아기를 안고 제주도로 살러가던 다문화가정의 귀농길, 자전거 여행팀, 돈 벌러 가는 트럭들, 보따리상들이 보무도 당당하게 세월호 여객선에 올랐다.

해운 관계기관은 심한 안개로 6시 30분 출항 예정 시간을 2시간 30분 연기해서 밤 9시 경에 세월호를 출항시켰다. 짙은 안개가 걷히기를 기다리는 많은 배 중에서 출항을 강행한 유일한 배였다.

다음 날 4월 16일 8시 40분 세월호는 진도 해역 울돌목에 이어 두 번째로 조류가 거센 맹골 수로 항해 중에 침몰했다.

탑승객 478명 가운데 304명이 구조되지 못하고 희생되었다. 생명 앞에서 노소가 어디 있으며 귀천이 어디 있으랴만 그 희생자 대부분이 고등학교 2학년 단원고등학교 수학여행 학생이었다. 아직 어른의 보호를 받아야할 어린 티가 가시지 않은 학생이라는 사실이 기가 막힌다. 아빠, 엄마, 할아버지, 할머니 심정으로 온 국민이 애통한다. 한 어머니는 아들을 궁색하게 키워서 미안하다고 절규했다. 수학여행 간다고 쭈뼛거리며 돈 좀 달라는 아들에게 "얼마나 주면 될까?"

"만 원만 주세요."

"제주도까지 가는데 만 원은 부족할 것 같다."

이웃에서 이만 원을 꾸어서 주어 보냈다. 주검으로 돌아온 아들의 자크가 꼭 잠긴 주머니 안에는 접힌 이만 원이 들어 있었다.

침몰한 세월호 안에 차오르는 바닷물 속에서 조금 더 숨을 쉬려고 목을 빼고 발돋움 하는 상황에서 다섯 살 어린이를 형아들이 들어 올려 릴레이식으로 물 밖으로 내보내 살렸다.

결혼을 앞둔 28세 유니나 여선생님은 입었던 구명조끼를 벗어 제자에게 입혀 내보내 살리고 그녀는 선생님의 길을 갔다. 선생님은 동생과 할머니를 부양하는 가장이었다.

세월호의 승무원 22세 박지영 양은 구명조끼를 벗어 주고 길을 열어주고 "언니는요?" 하는 학생들에게 "선원은 맨 마지막에 나가는 것이다."는 말을 남기고 선원의 길을 갔다.

김기웅(28) 정현선(28) 약혼자는 대피해서 나왔다가 승객들을 구해야한다고 다시 들어가 그들의 길을 갔다. 의인의 칭호가 마땅하다는 여론이다.

세월호 승무원 양대홍 사무장은 아내에게 저축 통장을 알려주고 아이들을 부탁한다는 통화를 남기고 다시 돌아가 선원의 길을 갔다.

서로 묶고 같이 간 사람이 있어 연인이었나 보다고 애석해 했는데 쌍둥이 남매라고 한다. 안타깝고 애석하기는 마찬가지다.

끝일 수밖에 없는 찰나적인 시간을 부모님께 드려 감사의 문자 메시지를 보내고 사랑의 편지를 쓰다말고 아들딸들은 갔다.

우리에게 나라가 있고 5400만 국민이 있으면서 아무것도 하지 못 했다.

물이 차오르는데 선내서는 움직이지 말고 있으라는 방송이 계속되었다. 선장은 무슨 일을 하다 나왔는지 속옷 바람으로 탈출해서 살았다. 그는 후에 선장으로서 책임을 물어 사형이

구형되었다. 기능직 승무원은 모두 나와서 살았다.

강민규 단원고 교감선생님은 사죄한 뒤 희생자 가족이 묵고 있는 진도 체육관 뒷산에서 스스로 책임을 물어 희생된 학생들을 따라갔다.

세월호 선주며 구원파 교주인 유병헌은 무책임한 주검으로 나타나 말이 없고 사고 100여일 만에 갑자기 수습의 단계로 접어드는 계기를 제공한다.

참사의 진상과 책임을 규명하는 과정에서 국론 분열과 책임 전가와 서로 네 탓이라는 불신이 팽배하고 원망과 분노가 들끓었다. 해외 동포들은 대통령 순방 때 반발했다. M문학지에 연재하는 해외동포 기고자는 매회 같은 느낌을 주지만 세월호 문제를 놓고 방관자 입장에서 원망, 불만, 비판 비하로 일관했다.

세월호 참사 200일, 계절이 세 번 바뀌었고 11월 겨울 바다는 춥다.

295번째 희생자 단원고 황지연 양이 팽목항을 거쳐 부모의 품으로 돌아왔다. 부모는 딸의 얼굴과 손발과 어디로도 알아볼 수 없어서 흩어진 옷과 신발로 겨우 딸임을 확인하고 몸부림쳤다. 아직도 겨울 바다 속에 아들 딸, 친지들을 두고 있는 가족은 돌아온 황지영 양이 부러워서 울었다.

학생 넷, 선생님 두 분, 일반인 세 분이 지금도 물속에 있다.

세월호 법이 오랜 진통 끝에 타결되었다. 많은 법과 규정이 새로 생겼다. 희생자 가족들과 시민들의 규탄대회는 전국 지방 곳곳에서 새로 생겼다.

잔인한 4월은 사초(史草)를 기록하듯 깨알같이, 샅샅이, 낱낱이 새겨 넣고 아이들을 기르는 사람들은 사랑을 하자.

누군가를 사랑한다는 것은 그 사람이 살게끔 하는 것이다(愛之慾基生) 『논어』.

비 또

뉴밀레니엄을 인도에서 맞이하고 있었다.

자꾸 하늘이 올려다 봐 지며 설레는 새천년의 날 손자가 생겼다는 전화를 아들에게서 받았다.

우리 부부는 뿌리가 되어 비로소 인생의 어떤 완성을 이룬 것 같은 감격에 벅차서 감사의 축배를 들었다.

인도는 사랑 이야기와 함께 세계에서 가장 아름다운 건축물 타지마할이 있고, 6개 분야에서 노벨상 수상자를 내었고, 정신적인 지도자 마하트마 간디의 나라다. 간디가 남긴 많은 어록의 명언 중 '방향이 잘못되면 속도는 의미가 없다'는 말은 시대가 변해도 행동 지침의 지위를 지킨다.

석가모니 가르침의 본향이며 부모은중경 (父母恩重經)을 펴서 계층을 가리지 않고 삶 깊숙이 보은의 도리를 일깨우던 나라에 불교 인구가 2% 미만이라고 한다. 찬란했던 불교 유적이

파괴되고 사원에 여러 신이 함께 있는 다종교의 모습이다.

귀국 길에 홍콩에서 우리 손자를 품은 며느리에게 선물할 알알이 영롱한 진주 목걸이를 샀다.

그해 2000년 4월 17일 손자가 우렁차게 세상에 왔음을 고하며 태어났다.

할아버지는 샤워와 면도를 하고 정장을 갖추고 새로 태어난 손자와 첫 대면하며 기쁘게 축복했다.

"감사합니다. 아가야 행복하여라. 네가 와서 행복하다. 세상을 사랑하며 사랑 받는 사람 되어라."

밀양 박(密陽 朴)씨 71세손(世孫). 규정공파(糾正公派) 27세손, 선곡공파(仙谷公派) 17세손, 박기열(朴杞烈) 족보에 오르다.

아기는 무럭무럭 자랐다.

제 말로 어긍(어디) 가자며 할아버지, 할머니를 따랐다

제게 소용되는 몇 가지 말을 하고 많은 것을 제 식으로 표현해서 우리는 해석을 잘 해야 했다.

휘날리는 태극기는 '오 필승 코리아'였다.

귀촌하기 전이었다. 할아버지 집은 부천공고 옆에 단독주택이고 맞은편에 대우아파트 푸르지오가 있었다. 아파트 공원에서 닭을 타고 놀던 날 닭벼슬에 턱을 받쳐서 울다가 하늘을 가리키며 "비 또" 했다. 가리키는 고사리 손끝을 따라가니 푸른 하늘 저 높이서 비행기 두 대가 흰 꼬리 그림을 길게 그리며

날아가고 있었다.

우리는 비행기가 또 간다는 슬기로운 표현을 하는 손자를 안고 기뻐했다. 그리고 비또라는 우리가 부르는 한 이름이 생겼다.

비또는 진도에 내려와서 초등학교 4학년이 되자 인천 제 집으로 공부하기 위해서 올라갔다. 비또와 같이 자전거를 타고 누비던 진도의 마을 안 골목길과 진돗개 솔을 데리고 함께 장끼를 쫓던 산야가 우리에게 그리움의 장이 되었다.

중학교 입학식에 축하하기 위해서 올라갔다. 요즈음은 졸업식이 성대하고 입학식이라는 예식이 없다고 했다.

우리가 학교에 재직할 때는 입학식이 성대했다. 선후배 상견례가 이루어지고 입학 선서와 입학 허가가 있고 이어 선생님 소개와 훈화가 지루한 학생들은 이때 선생님들의 별명을 짓는다.

어느 해 입학식이었다. 교육의 덕목 지덕체(智德體)를 강조 훈화한 영어과 김선생님은 그날부터 본명 대신 지덕체 선생님이 되었다. 교실 배정을 받고 학생들이 귀가 후 학부모 회의도 입학식 날 이루어졌었다. 우리는 기열이가 중학생이 된 학부모회에 참가하고 싶었다.

세월이 그냥 가지 않는다는 생각을 하며 할아버지가 30년 교직을 마치는 정년퇴임식에서 수상한 행운의 황금열쇠를 손자에게 물려주었다.

기열이는 275밀리 신을 신고 키가 아빠 엄마만큼 크며 성실하게 소년기를 가고 있다.

글짓기로 상을 타고 학생 퀴즈 대회에 학교 대표로 나가고, 과학을 좋아해서 과학원 주최 발명 대회에서 우수상을 수상하고, 하루도 빠지지 않고 열심히 배워 기타 무대 연주도 했다. 고희가 넘은 할아버지, 할머니 해외여행 때에는 제 아빠를 대신해서 보호자로 수행했다. 10여 개국 이상 다니면서 유네스코 세계 문화유산을 찾았다. 여행은 주로 방학을 이용했지만 학교에서는 교외 학습제도가 있었다.

비또가 친구들 여섯 명과 함께 진도에 내려와서 하루 묵었다. 몇 과목의 학원을 다니며 공부하느라 아이들이 어른보다 더 바쁜 시대에 큰맘 먹고 쉬면서 친구 할아버지댁을 믿고 하루라도 시골에 보내준 학생들의 부모가 고맙다.

할아버지와 아빠 차 두 대에 나누어 타고 진도를 돌았다.

세월호에서 2년이 넘게 아직도 바다 밑에 있는 9명의 추모탑 영정 앞에서 추모했다. 304명이 유명을 달리해서 올라온, 수천 개의 노란 리본이 애달프게 나부끼는 팽목항 그곳, 유해를 수습한 장소에 큰 철제 십자가가 가시를 두르고 서 있다. 그 앞에서 묵념했다. 아이들의 마음속에 무엇이 자리했을까.

봄이 다한 벚꽃 잎이 싸락눈처럼 오락가락 흩날리고, 어찌 잊으랴, 맹골수도 바다는 무심하고 잔잔하다.

손자의 친구이니 손자들이라며 큰절을 했다. 언제까지나 지금처럼 사랑하는 친구 되라며 절값으로 2만원씩 주었다. 올라가서 저희들을 위해서 진도를 보여 주시느라 수고하시고 돈을 많이 쓰셨다고 1만원씩을 거두어서 도로 가져왔다. 아이들은 이렇게 깨끗한 샘물로 자라고 있다. 이 아이들이 만들며 사는 세상은 아름다운 세상이리라.

친구의 엄마들이 기열이 엄마에게 할아버지, 할머니가 계셔서 아이들이 좋아했다는 소식을 전해 왔다.

중학교 졸업이 다가왔다. 졸업 선물로 생각을 거듭하다가 가족 해외여행을 가기로 했다.

우리 손자 손녀, 기열이와 서영이 남매가 많이 보고 생각하면서 세상 유한한 것 중에서 역사와 더불어 빛을 더해 가면서 무한한 것이 되고 있음을 발견했으면 좋겠다.

스페인을 향해서 8박 9일의 여정을 11월 30일 출발했다.

예술은 길고 인생도 길다

- 스페인에서

인천 국제공항 출발 자카르타의 수도 도하를 경유해서 스페인의 마드리드까지 기내 영화 세 편을 보면서 17시간 30분을 비행, 마드리드 공항에 착륙했다. 한국과 1시간 시차다.

스페인은 서반아(西班牙)라는 중국식 명칭도 있고 외대에 서반아어과도 있다. 정식명칭은 에스파냐왕국이다. 영어 명칭 스페인으로 통용되고 에스파냐어를 사용하며 수도는 마드리드다. 환율은 유로를 쓰는데 1유로가 1,400원으로 유동적이다. 면적 세계 52위, 인구 28위, 지디피 14위, 유네스코 지정 인류가 보존해야 할 세계유산 40개가 있다.(문화유산 37 자연유산 2 복합유산 1)

유네스코 지정 관광도시 똘레도

서영이는 엄마와 팔짱을 끼고 소곤대느라 관광은 뒷전이고,

앞서거니 뒤서거니 잽을 날리며 걷는 아빠와 키가 큰 기열이, 친구 같은 부자의 웃음소리가 우리를 행복하게 한다.

똘레도 대성당은 이슬람 왕국 시절 회교사원이었다가 알폰소 6세에 의해 수복되어 가톨릭성당으로 개조되었다. 이슬람과 기독교의 혼합 모습으로 문화는 정복이 아니라 융화하며 존중하는 것이라고 보여준다.

13세기에서 15세기에 걸쳐 완성된 성당 안에 22개 예배당이 있는 것으로 규모를 짐작할 수 있고 고야, 루벤스, 반다이크 등 명성만 들어본 적이 있는 거장의 성화를 만날 수 있다. 이곳에서는 12월 25일 성탄보다 1월 6일 동방 박사가 아기예수를 경배하러 온 날을 더욱 기린다고 한다.

프라도 미술관

미술관 앞뜰에 고야상이 있다.

체크무늬 정장 유치원복을 앙증스레 입고 체험 학습 나온 어린 학생들이 선생님을 따라 종알거리며 다니는 모습이 병아리 같다. 어린이들은 피부가 투명하리만큼 희고 유럽인 특유의 모습이 조각처럼 예쁘다.

1785년 건축 1819년 '국립 프라도미술관'으로 개관. 연 270만 명 관람, 시각장애인을 위해서 손으로 만지며 명화를 감상할 수 있도록 시설을 배려했다. 미술관은 8천 점이 넘는 회화와 조각 작품을 소장하고 있단다.

동양식 액자 안에 모나리자가 있다. 프랑스 루브르미술관에 소장된 레오나르드 다빈치의 작품과 작가미상의 쌍둥이 모나리자라고 불린다.

다빈치 모나리자의 가치는 세상에서 가장 비싼 그림으로 평가된다. 피카소 '알제의 연인들' 2천억 원, 고갱 '언제 결혼하니' 3300억 원, 다빈치 '모나리자' 2조 5600억 원. 해가 거듭할수록 가치가 높아가니 예술은 길고 그 작가인 인생도 길다

스페인 광장

광장을 주심으로 번화가 그린피아 거리를 잇는 건물은 건축가의 이름을 새겨 기리는 건축 예술 작품이며 이곳에서 100여 년 된 건물이라는 말은 아무것도 아니다.

광장 중앙에 세르반테스의 좌상 조각이 있고 300주년 기념비가 있다.

세르반테스 앞에 말을 탄 돈키호테와 부하 산초 판사가 노새를 타고 기사 수업에 나서는 동상이 있고, 곁에 잠시 쉬어 등을 기대고 책을 읽을 만한 긴 의자가 놓였다. 의자에 앉았더니 생각할 새도 없이 버스가 떠난다고 재촉한다.

매년 4월 23일은 세계 '책의 날' '문학의 날'이다 세르반테스와 셰익스피어가 같은 날 서거한 데서 유래되었다.

포루투칼의 리스본

똘레도에서 리스본까지 7시간 동안 끝없는 올리브 농장이다. 올리브나무는 30년은 되어야 풍성한 열매를 맺는다는데 열매 채취하는 나무마다 옆에 어린나무를 기르고 있다. 세계 1위 올리브 생산국이라 한다.

고속도로 휴게소는 세 시간 정도 주행 간격으로 있는데 규모도 크고 생필품은 물론 건축 자재와 농업용 차(車)까지 있었다. 화장실 사용료는 0.5 유로인데 계산 편의상 2명이 같이 다녔다. 식품부 천장에 죽 매달려 있는 돼지 넓적다리가 하몽이라고 했다. 하몽은 도토리를 먹여 키워 향을 높이고 6개월에서 3년간 염장하는 특유식품이며 보통 것이 14kg 정도다.

나는 올리브 병조림을 사고 기열이는 배만큼 큰 오렌지를 1자루에 8유로(11,200원)에 사서 여행팀 19명에게 2개씩 나누고 남아서 돌아올 때까지 먹었다. 오렌지는 배처럼 수액이 많았다.

리스본에서 제로니모 수도원과 멀리 신대륙을 꿈꾸며 바다에서 출발을 기념한 발견의 탑과 도시, 공원 등을 관람했다. 죽기 전에 맛보아야 한다는 에르타르트 빵을 가이드가 쐈다. 1837년에 시작된 빵 반죽 비법 전문가는 전 세계 3명이며 홍콩 등 몇 나라에서 개업 중이라 한다. 가이드가 예약해서 먹어본 빵은 1개 1.05유로다.

유럽의 끝 호카곶

스페인어로 까보다로까는 유럽의 끝이며 대서양이 시작되는 해변의 벼랑 절벽이다. 날아갈 듯 센바람을 맞으며 망망한 대서양을 본다. 그때 사람들은 이곳이 지구의 끝이라고 생각하며 신대륙 발견의 꿈을 키웠다. 유럽의 최서단 '리스본의 바위' 이곳에 작은 노란 꽃이 드문드문 땅에 붙어 피어있고 거대한 십자가 탑에 "여기서 육지가 끝나고 바다가 시작된다."는 스페인의 시인 까몽네스의 시가 있다. 우리말로 한 구절 간략하게 번역된 부분이다.

스페인 세비아 대성당

세계 3대 대성당, 바티칸의 베드로 대성당, 영국의 세인트폴 대성당에 이어 세 번째로 꼽는 스페인의 세비아 대성당이다. 1402년부터 100년 동안 세운 이슬람과 기독교가 조화를 이룬 유네스코 세계 문화유산이다. 탑 40개, 종 28개가 있는 죽기 전에 꼭 봐야할 건축문화라고 한다. 이곳에 콜럼버스의 묘가 있는데 옛 에스파냐 4명의 왕이 콜럼버스의 관을 메고 있다.

산타마리아 몬세라트 수도원

거대한 군중의 무리가 움직이는 듯한 기기묘묘한 바위로 이루어진 장엄한 몬세라트 산 1,229미터 중턱에 몬세라트 수도원과 성당과 박물관이 있다.

880년에 검은 마리아상을 동굴 속에서 발견하고 수도원 건립을 시작 1410년에 대수도원으로 승격했다.

우리는 옵션 30유로씩 지불하고 케이블카로 수도원에 이르렀다.

자연보호구역 몬세라트산 정상 6만 개의 산봉우리에 둘러싸여 수도원은 아름답고 거룩했다. 평범한 우리에게 사소함으로 와주시는 하느님은 가끔 당신 자신의 영광을 위하여 스스로 나타나시는 때가 있다. 이곳이 거긴가 싶다.

검은 마리아를 만나기 위한 순례자 행렬 뒤에 줄을 서서 족히 한 시간 넘게 기다린 후에 수도원에 들어섰다. 성당은 스페인 전성기의 힘이라는데 금빛으로 찬란하면서 중후하고 장엄하다. 외관이 자연과의 합일이라면 아기 예수를 안은 마리아가 계신 성당 내부는 사람이 드리는 정성의 극치를 보여 준다.

한 사람만이 지날 수 있는 좁은 계단을 올라가서 만나는 아기 예수를 무릎에 앉히고 둥근 구슬을 들고 있는 검은 성모는 지극히 평화롭다. 성모가 손에 든 구슬을 만지며 기도하면 소원이 이루어진다고 한다. 나도 사람들과 같이 하나도 아니고 몇몇 개를 소원하고 나서 언제쯤이면 "뜻대로 하소서"라고 기도할 수 있을까 싶어 스스로 실소를 했다.

광장 Shop에서 검은 성모 메달이 달린 실버 팔찌를 샀다. 다시 줄을 서서 서영이와 함께 촛불을 봉헌했다. 초는 2.2유로였다.

바로셀로나 황영조 기념비

1992년 스페인 바로셀로나 올림픽 주경기장으로 대한민국의 황영조가 마라톤 금메달의 선수로 들어서자 경기장이 떠나가는 환호성이 지금도 들리는 듯 울컥한다. 1936년 손기정 선수에 이어 56년 만의 대한민국 올림픽 마라톤 금메달이다.

2001년 경기도와 스페인 바로셀로나가 도시 자매결연을 맺었다. 경기도민의 모금으로 시내전경이 보이는 몬쥬익 언덕에 태극기와 황영조 선수가 달리는 모습 조각을 세웠다. 선수의 발자국이 찍힌 공원에 한글로 새겨진 기념비 앞에서 저절로 으쓱해졌다.

세비아의 플라멩코와 론다의 투우

70유로 옵션 플라멩코 공연장은 관중이 식사와 음료수를 마시며 관람하는 자유로운 분위기다. 우리는 칵테일과 아이들은 주스를 한 잔씩 하면서 무대가 잘 보이는 중간 좌석에 앉았다.

플라멩코는 16세기경 인도에서부터 전파된 집시들의 춤이다. 스페인의 민속 예술로 정착하고 세계무형문화유산이 되었다.

오늘 플라멩코를 공연하는 무희들도 집시라고 한다. 여자무희가 겹겹이 레이스 의상과 머리에 꽃과 손에 부채를 들고 징 박은 구두를 신고 추는 현란한 춤과 남자 무희의 댄스 부츠의 스텝 박자가 기타와 육성 노래를 압도했다 세계 플라밍코대회 수상자 남자무희 에밀리오의 춤을 볼 수 있었다. 오페라 '카르멘'을 공연했다. 플라밍코의 강렬한 리듬과 춤이 완벽하게 어울리며 사랑과 증오와 죽음이 짧은 공연이지만 감명 깊었다. 적당한 소란스러움과 춤과 칵테일로 좋은 밤이었다.

투우의 고장 론다는 해발 700미터가 넘는 자연도시다. 1785년에 만들어진 가장 오래된 스페인의 투우장이이며 지금도 투우가 있을 때 6천 명의 관객이 모여들어 스페인의 자존심이라 한다. 한편으로는 동물애호가들의 반대로 경연장이 줄고 있다. 경연장 앞 도로에 주물로 조각된 유명한 투우사들의 흉상이 깔려 있다.

호텔 TV에서 밤 시간에 대한민국 아리랑 방송이 한국어로 방영되고 스페인어로 자막이 나온다.

사그라다 파밀리아(성가족성당)

아들은 아이들을 데리고 스페인 여행을 떠나기 전부터 안토니 가우디의 건축만 봐도 충분한 보람이 있다고 했다.

'신이 지상에 머물 유일한 거처'라는 극찬과 사랑을 받는 사그라다 파밀리아성당은 안토니 가우디의 설계로 미완성임에도 유네스코 세계문화유산이다.

가우디의 30대 1882년에 착공하여 사후에 지어질 설계도까지 남겨 그의 서거 100주기인 2026년에 완공예정이다. 대부분의 사람들이 생전에 이름이 나서 기록에 남기를 원하는 본성도 그는 버렸다.

대한민국 천진암 성지에 건립되고 있는 100년 계획 천진암 대성당이 떠오른다. 나는 1989년 첫 개인전을 마치고 감사헌금을 봉헌했다. 대성당들이 대부분 왕조와 교황청의 힘으로 이루어지는데 성가족성당은 평범한 믿는 이들의 모금으로 시작되고 초기 기술자들은 급료도 받지 않고 일했다고 한다.

대성당이면 의례적인 성자 교황 왕조의 인물이 보이지 않고 오직 복음 내용에 의한 예수의 삶, 죽음, 부활 영광을 알리는데 충실했다.

스테인드글라스를 통해 들어오는 오색찬란한 빛이 시간을 알리듯이 시시각각으로 변하면서 생동한다. 푸른 돌로 조각한 종려나무 기둥들과 높다란 천장의 우거진 종려 잎에서 새소리 들릴 듯하다.

성가족성당의 예수고상도 다른 성당과 다르다. 예수고상 전체가 후광에 싸여 공중에 떠서 움직이고 있었다. 성당이 완공되는 날 정문이 되는 위치 벽면에 주의 기도가 세계 각국의 언어로 쓰여 있었다. 서영이와 기열이가 한글을 찾아내고 우리 가족은 같이 보면서 기뻐했다.

예수를 진실로 사랑하는 가우디는 "아버지의 뜻이 하늘에서와 같이 땅에서도 이루어지기를" 기도하는 하느님의 일꾼이다.

성가족성당은 "서로 사랑하라"(마태복음 28)는 예수의 유언을 충실히 지켜 안토니 가우디 그가 하느님의 도구로써 드린 기도다.

온 인류가 평화로이 기도하고 사랑하는 성가족이기를….

"당신께는 사랑의 샘이 있습니다."(시편 36. 10)

4.

왕의 남자

십군자 병풍에 부쳐

매(梅)
묵은 풀에 묻힌 폐교(閉校)
잔설을 밟으며 진도에 들다
청 홍 백, 매를 심는 남편 거들어 섬의 붉은 흙을 다지다
우리 손에 꽃이 피고 매실이 열리는 훗날을 심는다.

난(蘭)
시인묵객이 사랑하는 절세가인이나
까다로움과 친하지 못하는
나는 지인이 보내온 그를 맞아 꽃을 피워 보지 못했다
보배섬 진도에서 길었던 기다림을 꽃으로 만나리.

국(菊)
창호지가 눈부신 완자문에 국화 무늬를 심으시던 아버지

동, 서, 남, 향에서 해가 뜨는 폐교
한사(寒士)의 국화를 지천으로
심었습니다.

죽(竹)
미술관 서쪽 담장을 청대로 둘렀다
낮이 기울면 그림자 울 넘어와 대를 치고
바람은 댓닢을 부추겨 화제를 쓴다

목련(木蓮)
이미 와 있는 듯도, 아니 아직은 먼가?
웨딩드레스의 봄 아가씨 서두른 걸음
부끄러워 다소곳 수줍은 목련꽃.

파초(芭蕉)
젊은 여인 청치마자락 휘둘러 여름을 덮는다
백발을 이고 지키는 고단한 천하지대본
파초는 잉태하는 여인, 고향을 여는 부활.

모란(牧丹)
진도 장날 모란 두 그루를 심다

머언 고향이 차이나였다
그리움에 젖는 천하미인
나는 미스 차이나 이름을 주다.

포도(葡萄)
태양이 중천에 머문 포도의 계절
포도알보다 더 굵은 땀 떨구어
진도 솔마루미술관을 세우다
쌍무지개 바라보며 남편과 손을 모은다
지금 푸른 하늘 아래서 감사의 손을.

연(蓮)
미술관 연못에 백련축제에서 구한 홍련을 심다
귀촌의 낯가림으로 서성이는 나에게
집간장 집된장을 퍼 주면서 좋아하는
한사리 어머니 얼굴이 관음보살의 미소와 겹치네.

소나무(松)
동량(棟樑)으로 크거라
교정을 굽어 축원 백 년의 어르신 소나무 서른여섯 주
나는 타고르 동방의 가장 밝은
빛 꿈을 심는다.

장 미

내가 장미를 사랑함은
천상의 미소를 선물하는 전율림

그는
어떤 꿈을
우러르는가

이토록 아픈
산고의 가시를 품고.

하매(夏梅)

용틀임 비늘 비껴 가녀린 햇가지
화분 속 당신 만나 나는 문득 반했네
점점이 숨쉬는 소리 천년 사랑 기려라.

복중에 한 점 옥매 피우기 소원하여
동이로 땀을 쏟지만 언제나
마음에 드는 그 꽃은 다음 장을 기약하네.

왕의 남자

폐교에 미술관을 열었다
미술관에 영화관을 차렸다
'왕의 남자'가 나비
바람을 일으키고 있던 때라
보여 드리고 싶었다
설레면서 간식도 준비해 놓고
안팎으로 불을 밝히고 기다렸다
이십여 호 집집마다
구경 오시라 소문낸 터였다

첫째 날은 집안 일이 있다 했다
둘째 날은 외출 중이었다 했다
셋째 날은 손님이 오셨다 했다

넷째 날은 솔직히 말해서
온종일 쉴 틈 없이 일을 해서
일찍 자야한다 했다
도시 안의 시골
시골 안의 시골
귀와 눈이 뜨이는 날이었다.

꽃으로 오다

몇 번째의 4월인 그때로부터

어쩜 그때 같이 아니
더 아름다운 4월에
하늘, 땅, 사람
무심쿠나

바다 속 세월호 선실에서
부르며 부르며 가는
아들 딸
얼마나 무서울까

차마 그렇게 보낼 수 없는

사랑하는 이들이
구사일생 마다하고
명량의 용장이고자 했다
그랬었다

그렇게 맹골수도
부활이
노오란 리본을 매고
꽃으로 오다

화무십일홍 정말일까
영원히 목마르지 않는 물
이렇게 피우리라
이 꽃은.

대 추

연휴를 보내고 출근했다
오히려 후줄근한 분위기 교무실에서
유선생이 풀어 놓은 고향 대추
유산을 떼어 오빠가 등기해 넘겨준 산에
선친이 심으신 대추나무
올해도 가지가 벌도록 열었다는데
밤톨만큼이나 크고 달다.
또래였던 우리는 정년퇴직 했다
귀촌한 시골에서 유선생이
유방암이라는 건너 건너 들려온 소식
다행히 헛소문이었다
천둥 번개 시절 후에
벼이삭이 고개 숙이듯이

백발을 이고 허리 굽은
신의 뜻대로
겸허의 계절이 왔다
세월이 너무 빠르다는
말과
거울 보면서 늙어서 슬프다는
말과
지난날이 고생이었다는
말과
없어서 죽고 싶다는
말
부끄러운 말이다.

하 늘

비가 오려나
하 답답해서 걷다가
고개를 젖혔다
하늘이 있었다
하늘은 깊었다
별이 총총한 하늘처럼
눈부시지도 않고 아름다워
시를 말하지도 않았다
그럼에도 불구하고
하늘이 묵묵히
내려와
진작 없었어야할
생각들을 밀었다
치웠다.

사랑론(論) 외 2편

박용환(아들)

사랑은 나의 것이 아니다
사람들은 사랑을 자기 것으로 생각한다
나도 마음이 어릴 때 나의 것이라고 생각 했었다
영혼 속에 마음이 있는 것 같다
마음과 영혼은 같다
마음에서 생각이 나온다
악한 생각하면 마음이 악해진다
악한 마음이 악한 영혼,
선한 마음이 선한 영혼이 되는 것 같다

사랑은 본래 사람의 것이 아니었다

하나님의 것이었다
큐비트가 사랑의 화살로 사람의 마음에 쏘는 것이 아니다
사랑하고자 해서 사랑이 생기는 것은 아니다
사랑하는 마음이 사람의 의지와는 관계없이 생긴다
사람의 힘과 감정으로 어쩔 수 없는 것 같다
이 세상에서 무서운 것이 사랑이다

사랑은 본래 하나님의 것이었고
사랑하는 마음을 주신다고 할 때
어떻게 사랑해야 하는가
예수님께서 사랑하는 방법을 보여 주셨다

사랑은 본래 하나님의 것이다
하나님의 사랑이 사람에게 온 것이다
하나님께서 사랑하는 마음을 사람의 마음에 주신다
예수님이 나를 사랑하는 것처럼 사랑해야 한다.

초 인

생각을 넘어설 수는 없을까
말과 행동을 넘어설 수는 없을까
생각에서 말과 행동이 나온다
말도 행동이다
생각을 넘어서고 싶다.

자연으로 돌아가자

자연으로 돌아가자
자연으로 돌아가자
글을 읽는 것이 아니라 듣는 것이다
순리대로 살라고 말하지만
해가 뜨면 일어나고 해가 지면 들어오고
들어오고 자고
봄에 거두지 말고 씨 뿌리며 가을에
씨 뿌리지 말고 거두며
더운 여름에 옷을 입지 말고 벗으며
추운 겨울에 옷을 벗지 말고 입으며 자연에 순응하며
인생에는 아집과 고집과 자아로
내 생각을 이웃에게 강요하는 것이 아니라
이웃의 말을 먼저 들으며 생각을 헤아려 보며

이웃에 순응하며
하느님께 내 생각을 강요하는 것이 아니라
하느님의 뜻에 나를 맞추며 순리대로
살라고 말하네
나이가 흐를수록
자연으로 돌아가자
자연으로 돌아가자
나의 마음속에서
외치고 있네.

진도로 들어오는 사람들

- 솔마루미술관 조병록

낮에는 채소를 가꾸고 밤에는 그림을 그리며 미술관을 운영하고 있는 진도솔마루미술관 조병록 관장을 만나 보았다.

진도대교를 지나서 진도읍 표지판을 보고 4~5㎞ 직진하면 진도 터널이 나온다. 터널 끝자락에서 우측으로 내려다보이는 군내면 소재지에 솔마루미술관이 있다. 넓은 운동장을 가진 옛 군내초등학교 부지에 알록달록 원색으로 칠을 한 건물은 누구나 쉽게 찾을 수 있다.

솔마루미술관 한솔 조병록 설립자는 1939년 서울 태생으로 고려대 국어국문학과를 졸업하고 33년간의 교편생활을 퇴직한 후 진도에 정착하였다. 우연찮게 진도에 내려왔다 폐교가 된 진도 군내초등학교를 보고 문득 '이곳에 미술관을 해보면 어떨까' 하는 생각에 고향을 떠나왔다고 한다.

2005년 6월에 공사를 착공하여 9월까지 4개월여 기간을 거쳐 진도군 군내면 분토리에 솔마루미술관을 개관하였다. 솔마루미술관의 식구들로는 역시교편을 잡고 있다 정년퇴임한 남편과 아들 내외, 손자 손녀 등 7명의 식구가 단란한 생활을 꾸리고 있다.

조병록은 대한민국 미술대전 입선 2회, 특선 3회, 경인미술 인천미술, 화성서예대전 초대작가, 부천여성문학회 회장을 역임하고, '수필문학'에 등단 작가로 활동 하는 등 뛰어난 재능과 안목을 가지고 있다.

미술관 설립 목표를 근 현대 작품의 수시 교환 전시 및 음악 공연과 미술 전시를 비롯한 다양한 공연의 공간을 마련하여 단순한 미술 작품 전시뿐만 아니라 종합적이고 복합적인 문화 공간을 만들어 갈 계획이라고 밝혔다.

역량 있는 신인 작가 발굴을 위한 개인전과 대중에게 좀 더 친숙한 미술관이 되고자 다양한 기획 전시들을 가질 계획이라고 한다.

현재 총 150여 점의 서화가 보관되어 있으며 그중 70여 점이 전시되어 있다. 역량 있는 예술가들의 다양한 작품 한국화, 서양화, 서예작품과 고서화도 감상할 수 있다. 미술관에 관한 정보와 소장 작품 설명을 솔마루 관장으로부터 직접 들을 수 있다.

언제나 소장품 전시, 기획전시, 명화상영을 하고 서예 민화, 공예 등을 직접 참가하여 작업할 수 있는 넓은 전시장과 토론하고 발표할 수 있는 연수실, 캠프 파이어장과 풀장이 준비되어 있다. 뛰어 놀며 경기도 할 수 있는 넓은 운동장과 신선한 채소를 마음껏 먹을 수 있는 텃밭, 석양을 감상할 수 있는 휴게실, 아담한 연못과 정원, 바비큐 파티를 즐길 수 있는 그릴까지 준비 되어있다. 또한 '미술관은 내 친구'라는 애칭을 걸고 어린이를 위한 눈높이의 작품 감상과 표현을 잇는 체험활동을 운영하고 있다. 관람 시간은 오전 10시부터 5시까지이며 현재 관람료는 무료이다.

폐교에 2층은 미술관으로 1층은 '동심' 펜션형 콘도로 함께 운영하면서 서화를 아끼고 사랑하는 모든 이들에게 편안한 휴식처를 제공하고 있다.

콘도는 13평의 원룸형 객실이 본관 6실 별관에 4실이 있고 실마다 취사 시설을 갖추고 있다. 4500평 부지에 300평 규모의 과수원도 갖추고 자연과 함께하는 쉼터와 글과 그림을 함께 배울 수 있는 시스템으로 갖추어져있다.

현재 문화관광특구인 진도에서 전라남도 도지사 인증 사립미술관 제36호 1종 미술관으로 전라남도와 진도군의 지원을 받고 있다. 솔마루미술관이 문화관광특구인 진도의 특성을 충분히 발휘하고 관광차원에서도 외부 관광객을 적극 유치하고 교육면에서는 젊은이들의 소양을 살릴 수 있는 문화공간으로 거듭 나길 바란다.

(진도문화원)

인간의 삶과 성찰, 그리고 예술

최홍규
(문학박사 · 전 경기대 교수)

1. 작가에 대하여

솔마루, 한솔 조병록은 특히 궁체를 잘 쓰는 서예가, 매화를 즐겨 그리는 화가, 그리고 우리네 삶과 기미를 문학적 감성으로 품격있게 묘사하는 수필가이다. 필자와는 대학의 같은 학과 동기로서 1958년 초봄 안암의 언덕에서 만나 60년에 걸쳐 간헐적이나마 그의 삶과 예술을 지켜볼 수 있었다. 아마도 솔마루가 오랜 기간에 걸쳐 애정을 기울여 집필한 글집을 내면서 그 해설을 각별히 필자에게 부탁한 것도 이런저런 이유가 작용했기 때문일 것이다.

작가 한솔은 고려대학교 동문이라는 인연 이외에도 필자와는 몇 가지 공통점이 있다. 첫째, 그녀가 무남독녀로서 부모님의 애지중지한 사랑을 받고 컸듯이 필자도 손이 귀한 집안의 무녀독남의 2대독자로 태어나 집안 어른들의 각별한 사랑과 기대 속에 성장했다. 둘째, 그녀는 대학 졸업 후 서예에 관심을 기울여 교육자이자 서예가로서 존재감을 드러냈고, 점차 그림과 문학에도 영역을 넓혀 시, 서, 화를 두루 갖춘 문학인, 예술가로서의 전인적 모습을 드러냈다. 필자 또한 젊은 시절 20대 중반까지 문학평론이라는 분야에 관심을 쏟다가 대학원 이후부터는 역사학에 빠져 정년 때까지 대학에서 역사학도로서의 삶에 시종하며 20여 권의 전공 저술을 남겼다. 문학 이외에 대한 관심이 외도라면 외도라고 말할 사람도 있을지 모르겠으나 필자는 물론 한솔의 경우에도 결코 이 말에 선뜻 동의하지 않을 것이다.

필자는 우리의 삶과 사유란 미지의 세계에 대한 끝없는 도전이자 창조를 위한 관심의 확대 과정이라고 생각한다. 우리는 이 세상에서 태어나 죽을 때까지 수많은 고난과 역경, 고뇌와 환희를 경험하면서 무한도전 속에 자기가 믿고 좋아하는 세계를 향해 걸어간다. 선배 화가 이중섭, 시인 윤동주의 생애에서도 단적으로 드러나듯이 문학인을 포함 대부분의 참다운 예술가들은 자신이 목표로 하는 예술을 탐구하고 창조하기 위해서 온갖 험난하기 그

지없는 삶을 마다하지 않고 자기 길에 정진했다. 창조란 마치 고통의 결과물이듯이 그 강약은 다를지 모르나 한솔의 경우에도 이 말에 상당 부분 긍정할 것으로 생각한다. 앞에서 필자는 한솔과 필자의 공통점으로 잠깐 무남독녀, 무녀독남으로 단순화시켰는데, 그것은 흔히 일상생활 속에서 외딸, 외아들의 고집, 좋게 말해서 독특한 개성을 전제한 말이다.

사실 20대라는 그 풋풋하고 싱그러웠던 대학 시절 나와 한솔을 비롯한 여학생들과는 개인적인 만남이나 살가운 대화를 나눈 적이 별로 없다. 그 시절의 대학문화가 거의 그러했듯이 그 흔한 야유회나 미팅 한 번 간 적이 없었던 것으로 기억한다. 입학 당시 우리 과에는 5, 6명의 여학생이 입학했으나 대부분 중퇴하고 정작 졸업한 여학생은 훗날 탤런트로 활약한 여운계(고인)와 조병록 두 명뿐이었다. 비록 겨우 살아남은 두 명의 여학생 졸업자들이었지만 이후 이들은 우리나라 연예계와 교육계, 예술계에서 제 몫을 다하는 엘리트로 활약했다는 점에서 동문으로서 감사하게 생각한다.

한솔의 경우, 그녀는 재학생활 중 긴 생머리에 검은색 계통의 옷을 즐겨 입었고, 대학신문 현상모집에 단편소설 「길」이 당선될 만큼 글재주가 있는 수줍고 말이 없는 우수에 찬 여학생이었다. 이번 그녀의 글을 읽으면서 초등교에서 대학까지 자주 학교를 찾던 어머니에 대한 간절한 추모의 정을 새삼 느꼈다. 그러고 보니 내 기억 속에 60년 전 당시 입학시험 장소였던 중앙고등학교 교실 밖에서 초조하게 기다리시던 그녀의 어머니(회색 목도리를 했었던가?)가 어렴풋이 회상된다. 동시에 60년대 초 군입대 후 살을 에는 강추위 속에 중부전선 임진강변 최전방으로 면회 오신 내 어머니가 문득 떠올라 눈시울이 붉어짐은 어쩔 수 없다. 아, 우리들 삶과 사유의 원동력이 되었던 어머니들의 절대적인 사랑의 힘이여! 이 기회에 위대했던 그분들의 모성애를 깊이 추모한다.

대학 졸업 후 한솔과는 별다른 소식이 없다가 필자는 80년대 초였던가 대학 동기들과 중년의 나이에 그녀의 직장이 있던 인천에서 개최한 서예 개인전에 참석했다. 이때 독실한 가톨릭 신자로서의 신심이 깃든 성경을 비롯한 종교적인 내용의 글과 아름답고 품격 있는 궁체의 한글 글씨가 인상적이었다. 특히 한솔의 진솔 소박한 성품 그대로 순수하고 깨끗한 글씨라고 느껴졌다. 그 뒤 그녀의 글씨와 그림이 대한민국 미술대전에 문인화 초대작가가 되고, 2004년에는 오랫동안 꿈꿔온 창작에 대한 열망이 실현되어 『수필문학』을 통해 수필가로 등단했다.

필자가 한솔과 직접적인 인연을 맺게 된 것은 그 뒤 50대 중반 무렵에야 이루어졌다. 2005년 2월 필자가 봉직해온 대학의 정년퇴임을 앞두고 그 전해부터 제자와 동학을 중심으로 기념논총의 발간 계획이 추진되었다. 이때 그녀의 아름다운 궁체 글씨가 생각나 한솔에게 표지화(홍매화)와 기념논총에 수록될 이육사의 시 「광야」를 써줄 것을 청탁했다. 한솔은 건강도 썩 좋지 않고 또 시간과 품도 많이 드는 작업임에도 쾌락하고 오랜 개작과 노동 끝에 2004년 겨울 부군이신 박창규 선생 편에 학교로 작품을 보내주었다. 현실에 서툴고 기계치로 자처하는 한솔(박선생에 의하면 한솔은 교직생활 할 때도 봉급날조차 자주 잊을 만큼 매사에 순진 소박했다고 한다)을 적극 돕는 성품이 부드럽고 착하신 부군인 박선생을 정식으로 만난 것도 이때가 처음이었다. 논총 준비위원 교수님 대부분이 그녀의 품격있는 궁체 글씨와 홍매화 그림을 보고 아름답기 그지없다고 찬사를 표해 필자도 너무 고맙고 또 수원 캣슬 호텔에서 개최된 3권의 저서와 기념논총 출판기념회에 한솔도 다른 대학 동기들과 함께 참석해 고마웠다.

고교에서 교편생활과 함께 서예가로서 또 부천여성문인회장 등으로 활동해온 한솔은 퇴직 후까지 살면서 오랫동안 작품활동을 해온 부천시 송내동에서 2005년 우리나라 최남단 전라남도의 예향 진도로 이사했다. 평소에 서예가, 문인화가로서 자신의 작품 전시관을 꿈꿔온 한솔은 부군의 적극적인 도움으로 진도 군내면 가흥산 자락에 위치한 옛 군내초등학교를 인수해 폐교를 미술관으로 탈바꿈하는 작업에 몰두했다. 그녀가 "마음에 드는 그림 그려서 환희에 찬 웃음을 지을 수 있는 날이 오고는 있을까?"(수필 「산책」) 하고 술회했듯이 정년퇴직 이후도 청년처럼 과감한 도전과 변신을 시도했다. 한솔과 그녀의 부군은 폐교를 개조해 2층을 미술관과 세미나실로 만들고 1층에 여행객을 위한 숙박시설도 마련했다. 그리고 100세 어르신 소나무가 주변을 두른 미술관에서 채소, 약초 등 먹거리를 키우는 농장을 만드는 등 그녀의 진도 솔마루미술관은 예술과 생활이 어우러진 터전으로 노년의 많은 사람들이 꿈꾸는 이상향이나 다름없었다.

쉼없이 꾸준한 작품 활동을 하던 2010년 5월경 한솔은 대한민국 미술대전에 특선에 이어 초대작가의 영예를 안았다. 이 무렵 인사동 화랑가에서 작품 전시회가 열려 필자도 다른 동기들과 참석하고 또 한솔의 부탁으로 일동을 대표해 작가와 관람객들 앞에서 간단 소박한 축하의 말씀을 드린 것도 이때의 일이었다.

한솔과 필자는 매년 초 서울에서 대학동기회 모임 때 한 번 만날 때가 많다. 동기생들 대부분은 10여 년 전 직장을 모두 퇴직하고 노년의 삶을 사는 친구들이다. 그럼에도 아직까지 청년 못지않게 자신의 분야를 개척하며 글씨를 쓰고, 그림을 그리고, 글을 쓰는 한솔의 쉼없는 예술가적 열정에 박수를 보낸다. 예술가로서 생활인, 신앙인으로서 삶과 사유의 지평을 넓혀 나가는 그녀의 바쁜 노후생활에 행운과 은총이 있을진저!

2. 작품에 대하여

이 글집은 1997년에서 최근까지 집필한 수필 40여 편을 모아 다듬어 엮은 것이다. 각 편의 글들을 통해 필자는 아우렐리우스의 『명상록』이나 파스칼의 『팡세』처럼 인간의 삶과 죽음, 생활인, 예술가로서의 입장과 관계 속에서도 긍정적인 측면에서 사유와 예술적, 신앙적 감성이 투영된 교훈적이고 아폴리즘적인 단상을 느낄 때가 많았다.

작가는 "학교 교사로서의 일과 화가와 작가로 겪는 고뇌, 자식을 기르면서 반복하는 시행착오, 일상사의 어려움" 등 시아버지의 임종을 눈앞에 둔 며느리로서의 갖가지 상념을 토로하면서 "죽음이 탄생만큼 소중하건만 우리는 새생명의 탄생에는 큰 박수를 보내면서 죽음은 끝나버린 연극처럼 막이 내리고 사라져 잊혀지는 것을 당연시한다"(「그해 가을」)고 탄생과 죽음의 동등한 가치를 일깨우는 철학적인 질문을 던진다. 삶과 예술적 무대로서 2005년 이래 12년째 미술관을 운영하며 생활하는 고장에 대해 "진도는 섬 같지 않게 겹겹이 산이 많다.…진도의 가을은 억새와 갈대로 섬이 온통 눈부시다. 길고 긴가 하면 짧은 삶의 여정에서 만들어지는 위대한 백발처럼 진도의 가을은 나부끼는 억새와 갈대로 장관을 이룬다."고 진도의 매력적인 가을 풍광을 묘사하면서 자신의 감흥을 토로했다. 가흥산 자락에 위치한 미술관에 앉아 "매화가 피고, 모란이 지고, 벼가 익고, 눈이 쌓이고, 몇 번인가 그렇게 갔지만, 그러나 짧은 날이었다."(「타임머신」)고 마치 영화 「서편제」에서 본 소슬한 남도의 풍광을 떠올리게 하듯 진도의 4계를 담담히 묘사하고 있다.

'막달라 마리아'란 세례명을 가진 독실한 가톨릭 신도로서의 작가는 자매님이라고 호칭하며 성가를 잘 부른다는 성당 교우 젤뜨루다에 대해 "자매는 3년 전쯤 진도 진길성당으로 왔다. 자매는 가톨릭 성가를 아름답게 불렀다. 미사 드리며 부르는 자매의 성가는 성당 안에 가득하게 피어오르는 기쁨으로 드리는 헌신이었다. 기도였다."(「그대 안부 어떠하온지」)고 썼다. 그리고 독신으로 유기농을 고집하는 그녀의 영농생활과 살뜰하고 각별한 인연, 도고로 이사하는 그녀와의 추억과 아쉬운 이별의 감정을 토로했다. 수필 「기일」에서 작가는 "유교 세대의 아버지는 대를 잇지 못해 조상께 면목이 없다며 평생 괴로워하시며 사셨다. 그런 것을 어려서부터 느껴온 나는 무남독녀가 된 것이 내 죄인 양 기가 죽어 살았다."고 하면서 4남매를 두었으면서 2남 1녀를 저세상에 먼저 보낸 아버지의 불행한 처지를 연민의 정으로 바라봤다. 그럼에도 '붓글씨로 자신이 쓴 열두 폭 병풍'을 두르고 아버지 제사를 정성스럽게 모시는 딸의 각별한 소회를 글 속에 절절히 담았다. 또 기행문 「명작의 산실을 가다」에서는 "나는 어느 분야이든 예술은 아름답고 사람을 이롭게 하며 재미있어야 한다."는 문학관을 피력하면서 "위대한 작가와 작품이 노력이라는 산실에서 탄생했다."고 작가를 꿈꾸는 문학도들이 교훈과 채찍으로 삼아야 한다고 피력했다.

수필 「무창포에서」는 부부교사로 근검절약하는 삶의 태도와 4남매의 아이들을 돌봐주신 친정 부모님에 대한 미안한 감정과 애물단지인 자신의 딸에 대해 "삶이 어찌 바람을 타지 않으랴. 딸의 가슴에 바람이 일 때면 나는 그 말만 한다"고 삶의 어쩔 수 없는 무력감을 토로했다. 또 일본 여행기인 「미술관이 있는 섬」, 「백두산 기행」에서는 "백두산 천지 앞에 서는 감격이여. 하늘과 천지가 닿을 듯 하늘에는 한 점 구름도 없고 티끌 하나 없이 사위가 정지된 고요의 순간. 하늘과 천지의 거룩함을 깨울까 움직일 수조차 없었다"고 절묘하게 표현했다.

「병실에서」는 췌장염 판정을 받고 담낭 절제수술을 받던 60대 초의 죽음과도 같은 순간의 외롭고 아득한 감정의 경험을 피력한 것으로, "시리고 아픈 병실 창 너머에는 햇살이 따뜻하게 비치고 버려진 수반가에 참새 댓 마리가 둘러앉아 비비며 물 마시며 하늘 보고 한다. 순간순간의 삶을 표현하기에 나의 언어는 참으로 무력하다."고 했다.

수필 「파마하던 날」은 작가의 경쾌한 센스가 돋보이는 작품으로, 미장원에서 파마 후 머리를 말아 머플러를 쓰고 기다리는 동안의 여러 행적과 감상을 재치있게 표현했다. TV에서 방영하는 중년 탤런트 부부와 프랑스 대통령부인의 아이로니컬한 이혼사건을 풍자적인 관점에서 바라보는가 하면 "좌청룡 우백호를 거느렸을까 청산에 안긴 동네가 복이 있어 보였다. 동네 초입에 가건물 교회 마당에서 어린 백구가 컹컹 짖었다.…태극기가 날리는 마을회관 앞에 유명 메이커란 메이커는 다 동원한 광고를 사방에 두른 트럭이 짝퉁 신발을 진열하고 확성기 볼륨을 높이고 있는" 풍경에 이어 "…푸른 하늘에 흰 구름 섬처럼 떴는데 돌담집 울 안에 붉은 감이 가지가 찢어지도록 열렸다. 봉당에는 늙은 호박 여남은 덩이 쌓였고, 허물어질듯 기우뚱한 헛간 지붕에 하얗게 박꽃이 피었다."고 여성적인 섬세한 시각에서 가을날 풍광을 마치 한 폭의 정물화인 양 묘사했다. 이어서 작가는 "늦가을 강아지풀 여문 이삭이 발끝에 차이고 들풀이 누렇게 변해 가는데 괭이밥 샛노란 작은 꽃이 땅을 기는 논두렁 따라 도랑물소리 재잘댄다. 은발 휘날리는 억새 숲에서 푸르르 새가 난다."는 표현들은 한국어가 도달할 수 있는 최고의 문학적 수준을 보여준 것이라고 높이 평가할 만하다.

수필 「봄이 오면」은 작가가 결혼 후 시댁의 고택에서 첫 교직생활을 보내던 파주군 갈현의 아름다운 농촌 풍광과 생활을 회상한 작품이다. 작가는 "내 기억에 있는 모내기는 이야기가 많은 이발소 그림 같은 풍경이다. 까치집이 높다란 냇가 미루나무에 매인 코뚜레 송아지가 음매 부르고 물레방아 도는 마당에 놓아먹이는 장닭이 홰를 쳐서 때를 알리고, 한밤중 젯밥을 온 동네가 나누어 먹으며 검둥이가 달을 보고 짖는 마을. 이처럼 내게 있는 모내기는 이야기가 많은 풍경화다."라고 젊은 날 그녀가 체험한 60년대 한수 북부의 농촌 모습을 그림처럼 시적으로 표현했다. 이어서 그녀가 살던 시대은 "방물장수며 젓갈장수, 신수복점 치는 아낙네들이 시모님을 보고 묵어갔다. 시모님은 곡식을 주고 무엇이라도 팔아 주었다. 젓갈장수가 가져오는 곤쟁이젓과 밴댕이는 처음 듣고 보는 것인데 시모께서 좋아하셨다."고 거의 반세기 이전 중부지방 옛 농촌의 생활 풍습을 리얼하게 끄집어내고 있는 점도 매우 신선하고 인상적이다.

「사랑하는 친구야」는 진도 이사 직후 캐나다로 이민간 친구에 대한 절절한 그리움을 표현한 애틋한 감정이 담긴 편지글이다. 수필 「산책」은 부천 송내동에 살면서 취정 이준구, 난정 이지연, 서포 김주성 등에게 사사하면서 서예를 배우던 시절의 생활 편린을 쓴 것으로 "지름길로 내려섰다. 가을은 무지갯빛 옷을 입고 하늘로부터 내려오고 봄은 땅꺼풀을 간질여 깨우며 올라온다. 노랑 민들레꽃이 까르르 자지러지며 땅을 긴다."는 표현 또한 한국어의 아름다움을 한 단계 끌어올린 작가의 저력을 확인할 수 있다. 수필 「세레나데」는 진도 솔마루미술관 주변의 자연환경과 그곳 예술가들과의 교우를 짧게 소개하면서, "여기 와서 벌써 네 번째 가을이 깊어간다. 바다 건너에서 불어오는 바람소리, 나뭇잎 사각이는 소리, 깨끗하고 맑은 목소리로 하느님 나라를 찬미하는 새들…. 목소리뿐인가. 형형색색 아름다운 그들의 맵시에도 반하지 않을 수가 없다."고 자연풍경과 새들의 지저귐이 어우러진 환경 속에서 행복을 반추하는 작가의 삶의 편린을 엿볼 수 있다. 「산국차의 계절」은 미술관 뒷산 가흥산에 올라 11월 가을날 진도의 생활환경, 그중에서도 야생 국화를 채취, 살짝 데쳐 말려 향기로운 산국차를 만들어 앞에서 예거한 캐나다 친구 여우 등 친지들에게 보내려는 작가의 의도를 드러내고 있다.

「청산도」는 영화 「서편제」의 촬영지를 비롯해 완도 청해진, 문학축제의 현장 등을 둘러본 문학기행이며, 「생명의 바구니에」는 사색의 아포리즘 조각의 단상들을 모은 글들이다. 「십군자 병풍에 부쳐」는 흔히 전통적인 문인화의 대상이 되는 매, 난, 국, 죽, 목련, 파초, 모란, 포도, 연, 소나무 등의 특징적인 상징성을 드러낸 시편들이고, 「우주베키스탄 전시 후기」는 타시켄트에서 주최했던 초대작가전에 참여한 행사의 전말과 그곳의 자연과 인문환경을 스케치한 글이다. 「잔인한 4월」은 세월호의 비극적 사건을 추모한 글이고, 「진도로 들어오는 사람들」은 진도군 군내면 가흥로 641번지 한솔의 솔마루미술관을 취재한 안내문과 같은 소개의 글이다. 「챔 아저씨」에서는 동심으로 돌아간 한솔과 동네 아이들의 천진난만한 대화를 담았고, 「첫 수확」은 아들 주도하에 표고버섯 종균을 심고 시험재배에 성공, 첫해의 수확물을 동네 사람들에게 기념으로 나눠주기까지 그 전후의 이야기를 담은 작품이다.

수필 「충무공벽파진전첩비」는 진도군 벽파진 마을 산기슭에 위치한 충무공 이순신의 충혼이 깃든 비를 찾아 감격한 한솔이 특히 힘주어 집필한 작품이다. 1955년 9월에 세워진 이 비의 국한문 혼용의 비문은 노산 이은상이 짓고 소전 손재형이 글씨를 썼는데, 여기에서 서예가 한솔의 관심을 끈 것은 '소전체'라는 서체를 이뤄 당대의 명필로 손꼽히던 손재형의 글씨였던 것 같다. 그리하여 한솔은 "충무공벽파진전첩비는 비문의 888자가 모두 같은 모양의 글자가 없이 각각 제 몫의 글자꼴을 갖추고 생동한다. 단아한 궁체의 기품과 정적인 아름다움과는 달리 소전체의 변화무쌍한 자형과 거침없는 필세가 전통을 깨고 또 전통을 수립하는 자유로운 예술혼에 감동한다."라고 그 소회를 인상적으로 밝혔다.

이 책 중에 특히 인상 깊은 작품 한 편을 고르라면 필자는 서슴지 않고 2016년에 집필된 신작 「타임머신」을 꼽고 싶다. 이 수필 첫 머리에 "매화가 피었다. 장희빈의 속눈썹일까, 어여쁜 꽃술이 매화를 사랑하게 한다."라는 서술도 매력적이지만, 가흥산에 오르면서 "산은 아직 감감하다. 건너 산골짜기에 잔설이 희끗하고 골을 덮은 갈참나무는 마른 잎이 달린 채 사각거린다. 소슬바람 마른 풀을 해작이고 새털구름은 산마루에 멈

쳤다"는 절묘한 표현의 문장을 읽고 필자는 절로 무릎을 쳤다. 뒤이어 진도에서 서울쪽으로 뻗은 길을 보고 생전의 어머니를 회상하는 대목 또한 인상적인 장면이다. 즉, 한솔은 "어머니는 학교 출입이 잦았다. …어머니는 머리숱이 적었다. 다리를 드리지 않을 때 어머니 머리의 은비녀는 늘 삐뚜름했다. 비녀의 무게를 이기지 못하는 솔방울처럼 빈약한 어머니의 쪽이 나는 창피했다. 그러나 어머니는 초등학교에서 중·고등학교까지는 그렇다 해도 기린 같은 청년들이 들어찬 대학까지 학교 행차에 거침이 없으셨다. 지금도 더듬어보는 어머니의 뜻은 세월이 가면서 …그 길에 23살이 있다. 상아탑이 있다. 도서관이 있다. 4·18이 있다. 안암의 언덕은 환하다. 1일 1권 독서로 지새던 밤이 있다. 무엇이 되리라는 날이 있다…"라고 어머니라는 창을 통해 젊은 날의 대학 시절을 떠올리며 그 도전과 탐구의 시간들을 그리워하듯 회상했다. 이러한 회상들은 노년의 삶을 살고 있는 한솔이 자기를 절대적으로 사랑하고 지지해 주었던 분에 대한 감사함이며, 창조적인 목표를 향해 분투하던 젊은 날의 순수한 열정과 의욕을 되새기면서 현재의 삶과 사유를 보다 확대 전진시키기 위한 몸짓이라고 필자는 예단한다.

50대 중반의 나이에 2004년 『수필문학』 천료작으로 집필된 수필 「짝사랑」 또한 매력적인 작품이다. 여기에서 말하는 '짝사랑'은 연애의 대상인 남자가 아닌 매년 번번이 실패를 거듭하는 운전면허 실기시험을 빗대어 표현한 것이다. 매년 운전면허 시험의 필기과목에서는 합격했으나 정작 운전실기시험에서 실패의 쓴잔을 거듭 마시던 한솔은 "나는 기계가 무섭다…기계에 대한 두려움이 앞서서 자동차 운전면허증을 취득하려는 시도는 매번 허사가 된다."라고 기계치나 다름없는 자신의 약점을 고백하듯 유머러스하게 드러냈다. 그리고 실패를 거듭하는 운전실기 시험에 대해 "나 혼자 '그곳에 가고 싶다'는 바람기가 살랑이는 날이면 내 영혼은 고독해지고 그때마다 나는 짝사랑하는 여인이 되고 운전면허증은 나를 유혹하는 매력남이 된다."라고 운전실기시험=매력남이라는 한솔 나름의 절박한 등식은 역설적으로 독자들로 하여금 절로 미소를 머금게 하는 매력녀로서의 작가를 새삼 인식케 만든다.

3. 남은 소감 몇 가지

시, 서, 화를 두루 통한 한솔은 그 성격면에서 조선시대 유교학인의 전통적 가치관, 예술관에 맥이 닿아 있는 작가라고 할 수 있다. 그러나 필자는 유교적인 전통성에 결부시키려는 단순화 시도보다는 글씨=그림=글이 함께 어우러져 완전성을 지향하려는 그 전인적인 목표에 보다 큰 비중을 두어 평가하고 싶다.

아름답고 품격있는 한글 궁체를 잘 쓰고 전통적인 문인화를 즐겨 그리는 서화가로서의 모습 못지않게 높은 경지의 한국어를 품격있게 구사할 줄 아는 수필가로서의 한솔에 대해 우리는 크게 주목할 필요가 있다고 감히 단언한다.

대학의 전공과 풍부한 독서력, 30여 년간에 걸친 고교교사 생활, 글씨, 그림과 함께 노년에 이르기까지 일상적으로 육화된 쉼없는 글쓰기 등 작가 한솔은 만만치 않은 내공을 쌓은 이 시대의 매우 드문 창작인이라고 할 수 있다. 그녀의 역량은 이 책에 수록된 수필에 담겨진 자연과 인간생활, 사람과 사람, 가정과의 관계, 진실하고 소탈한 생활인, 신앙인, 그리고 무엇보다 한국어를 품격있고 능숙하게 구사할 줄 아는 문학인, 예술가로서의 오래 연찬된 내공에 대해 기대하는 바가 크다.

아울러 진도 솔마루미술관의 주인이자 운영자로서도 크게 성공하기를 기원한다.

2017년 5월 15일 새벽